LA DEFINICIÓN LIBERAL DE LA LIBERTAD

RAYMOND ARON

LA DEFINICIÓN LIBERAL DE LA LIBERTAD

CRÍTICA DE LA OBRA DE F. A. HAYEK

Prólogo de
Gwendal Châton

Traducción de
Luis González Castro

PÁGINA INDÓMITA

Título original:
La définition libérale de la liberté

© Éditions Gallimard, 1972
© del prólogo, Gwendal Châton, 2016
© de la traducción, Luis González Castro, 2024
© de la presente edición, PÁGINA INDÓMITA, S.L.U.
Providencia 114 bis, 4º 4ª. 08024 Barcelona
www.paginaindomita.com

Diseño de cubierta y composición: Ángel Uzkiano
Impresión y encuadernación: Romanyà Valls
Primera edición: octubre de 2024

ISBN: 978-84-128187-2-7
Depósito legal: C-652-2024

ÍNDICE

NOTA A LA PRESENTE EDICIÓN

El ensayo de Raymond Aron que aquí presentamos al lector vio la luz por vez primera en 1961, en la revista *Archives européennes de sociologie* (II, 2), y fue incluido con posterioridad en la antología del autor *Études politiques* (pp. 195-215), publicada por Éditions Gallimard en 1972.

A modo de prólogo ofrecemos el ensayo de Gwendal Châton «Libéralisme ou démocratie? Raymond Aron lecteur de Friedrich Hayek», publicado originalmente en *Revue de philosophie économique*, 2016/1 (Vol. 17), pp. 103-134 —agradecemos a Emmanuel Picavet y Gilles Campagnolo, editores de la revista, el permiso para publicar el texto.

Tanto el ensayo de Aron como el prólogo han sido traducidos expresamente para esta edición. Cabe señalar además que las numerosas citas de Friedrich A. Hayek que aparecen en ambos textos han sido traducidas directamente de los originales en inglés.

PRÓLOGO

¿LIBERALISMO O DEMOCRACIA? RAYMOND ARON, LECTOR DE FRIEDRICH A. HAYEK

La auténtica moral de las democracias es una moral del heroísmo, no del disfrute de bienes.

RAYMOND ARON, «Naissance des tyrannies»

El dinero es uno de los mayores instrumentos de libertad jamás inventado por el hombre.

FRIEDRICH A. HAYEK, *Camino de servidumbre*

INTRODUCCIÓN

Tras cuatro décadas en las que las discusiones en filosofía política y filosofía económica se centraron principalmente en la cuestión de la justicia, somos hoy testigos de un renovado interés por los pensadores liberales de las generaciones anteriores, aquellos cuyo pensamiento se formó en la década de 1930, alcanzó la madurez después de la Segunda Guerra Mundial y se desplegó en el marco de la Guerra Fría. Durante largo tiempo creímos que estos pensadores ya no tenían mucho que decirnos, que sus obras habían quedado obsoletas debido a la caída del Muro de Berlín y la implosión de la URSS, por un lado, y a la reformulación de los debates teóricos tras el «giro rawlsiano», por otro. Pero hay varias señales de una evolución en la forma en que vemos a estos contemporáneos del «fin del *laissez faire*»,[1] la crisis de las democracias, el advenimiento de los regímenes totalitarios y, finalmente, la confrontación de dos «superpotencias» que promovían sendos modelos socioeconómicos antagónicos.

Varios trabajos recientes han enfatizado la complejidad de la historia del liberalismo en el siglo xx,[2] así como la singularidad del caso francés.[3] Otros, a raíz del estudio de Judith Shklar sobre el «liberalismo del miedo»,[4] han abordado las obras de quienes a veces son llamados «liberales de la Guerra Fría». Esta expresión,

1. J. M. Keynes, «El fin del *laissez faire*» (1926), en *Política y futuro*, Página Indómita, Barcelona, 2015.

2. S. Audier, *Le colloque Lippmann. Aux origines du néo-libéralisme*, Le Bord de l'eau, Burdeos, 2008; *Néo-libéralisme(s). Une archéologie intellectuelle*, Grasset, París, 2012.

3. F. Denord, *Néo-libéralisme version française. Histoire d'une idéologie politique*, Démopolis, París, 2007; K. Brookes, «Le rôle des clubs et des réseaux d'intellectuels libéraux dans la diffusion du néolibéralisme en France. Le cas de l'ALEPS et du groupe des Nouveaux Economistes», Sciences Po Grenoble, Working Paper n.° 16, 2014; S. Audier, *Penser le néo-libéralisme. Le moment néolibéral, Foucault et la crise du socialisme*, Le Bord de l'eau, Burdeos, 2015.

4. J. Shklar, «El liberalismo del miedo» (1989), en *Gobierno de la ley y liberalismo del miedo*, Página Indómita, Barcelona, 2021.

reintroducida por Jan-Werner Müller, nos remite a tres clásicos del pensamiento político un tanto olvidados hoy en día: Raymond Aron, Isaiah Berlin y Karl Popper. Los tres autores, de hecho, compartirían una misma sensibilidad, conducente a la defensa de un liberalismo político esencialmente negativo, cuyo objetivo principal sería evitar la violencia.[5] Al respecto, Catherine Audard concuerda con Jan-Werner Müller en situar a Friedrich Hayek fuera de ese grupo, porque la lucha de este pensador se orientó principalmente contra la planificación en la economía, pero también porque, a diferencia de los tres primeros, fue siempre muy hostil a la socialdemocracia y el Estado de bienestar.[6]

En el presente ensayo me gustaría ampliar esas reflexiones examinando una cuestión específica: la de la relación de estos «liberales de la Guerra Fría» con la democracia. Ello implica, para empezar, transformar el trío en cuarteto reintegrando a Friedrich Hayek al grupo, aunque también podrían añadirse otros nombres —pienso en particular en Norberto Bobbio—.[7] Esta

5. J.-W. Müller, «Fear and Freedom. On "Cold War Liberalism"», *European Journal of Political Theory*, 7/1, 2008, 45-64.

6. C. Audard, *Qu'est-ce que le libéralisme? Ethique, politique et société*, Gallimard, París, 2009.

7. N. Bobbio, *Il futuro della democrazia*, Einaudi, Turín, 1984; *Liberalismo e Democrazia*, Franco Angeli, Milán, 1985; *Destra e sinistra*, Donzelli, Roma, 1994.

reintegración del economista-filósofo vienés nos permite introducir una distinción entre dos variantes del liberalismo de la Guerra Fría. Así, a pesar de las divergencias significativas entre Popper y Aron, existe cierta afinidad obvia en la forma en que ambos consideran la democracia como una extensión natural del liberalismo y le confieren una dimensión cuasi ética. El caso de Isaiah Berlin parece significativamente distinto, en el sentido de que él mantiene una desconfianza mucho más clara al respecto: su defensa de la libertad negativa implica la priorización del liberalismo con respecto a la democracia. Por ejemplo, escribió que «no existe un vínculo necesario entre la libertad individual y el régimen democrático», y añadió que tal vínculo «es mucho menos estrecho de lo que creen muchos defensores de la una y del otro».[8] Si por un lado Berlin cree que la democracia sigue siendo «sin duda el principal garante de las libertades civiles», por otro lado insiste en que dicha democracia puede «aplastar a los individuos con tanta crueldad como la de cualquier régimen previo».[9] Este distanciamiento del autor es bastante claro, pero es sin duda Friedrich Hayek quien llevará más lejos su desconfianza hacia la democracia, renovando una crítica

8. I. Berlin, *Two Concepts of Liberty*, Clarendon Press, Oxford, 1958, p. 14.
9. *Ibid.*, p. 28.

que tiene sus raíces en la Antigüedad griega y que recorre todo el siglo XIX.

El estudio de la relación de los «liberales de la Guerra Fría» con la democracia, por lo tanto, contribuye a alimentar la tesis de la pluralidad de *los* neoliberalismos, pues resalta la existencia de tendencias difícilmente conciliables. En la galaxia neoliberal existen, en efecto, dos ramas muy distintas, de las cuales Raymond Aron, por un lado, y Friedrich Hayek, por el otro, son los representantes más elocuentes. Al margen de su lucha común contra el totalitarismo y en favor del liberalismo, existen divergencias fundamentales entre estos dos autores, en cuanto a la apreciación de la democracia y en cuanto a la comprensión del propio liberalismo.[10] Tales divergencias se basan en auténticos desacuerdos filosóficos, y conducen a posiciones políticas y económicas irreconciliables. Dado que Aron y Hayek no mantuvieron un debate directo, podemos comenzar a reconstruir los ejes de esta oposición si recurrimos a las objeciones que el primero dirigió al segundo a lo largo de su obra. Tres

10. Sobre el anclaje fundamentalmente antitotalitario del liberalismo aroniano, véase: G. Châton, «Taking Anti-Totalitarianism Seriously: The Emergence of the Aronian Circle in the 1970s», en S. W. Sawyer e I. Stewart (eds.), *In Search of the Liberal Moment: Democracy, Anti-Totalitarianism, and Intellectual Politics in France since 1950*, Palgrave Macmillan, Londres, 2016.

cuestiones pueden guiar esta lectura cruzada de los principales escritos de ambos autores: ¿debe priorizarse la libertad *económica* o, por el contrario, la libertad *política*? ¿Hay que centrarse en defender *la* libertad o, en cambio, *las* libertades? ¿Deberíamos darnos por satisfechos con la *democracia* o intentar construir una *demarquía* que neutralice los defectos de la primera?

¿Libertad económica o libertad política?

Raymond Aron y Friedrich Hayek se encontraron en agosto de 1938, durante un coloquio celebrado en París en honor del periodista estadounidense Walter Lippmann. El filósofo Louis Rougier fue el organizador del evento, cuyo objetivo, tomando como pretexto la publicación de un libro de Lippmann,[11] era permitir el reagrupamiento de los pensadores liberales casi diez años después del *Crack* de 1929. El joven Aron, que se encargaba de tomar notas de los debates, no hizo uso de la palabra, pero asistió a las discusiones de las más grandes mentes liberales europeas y americanas de la época. Se abordaron fundamentalmente dos cuestiones: ¿qué

---

11. W. Lippmann, *An Enquiry into the Principles of the Good Society*, Little, Brown & Co, Boston, 1937.

hacer frente a la moda de la planificación, el corporativismo y el marxismo en el campo económico? ¿Cómo devolverle vigor a un liberalismo que, para muchos, parecía totalmente desacreditado y arcaico?

Durante los debates del «Coloquio Walter Lippmann», Aron fue testigo del choque de dos tendencias: una encabezada por Ludwig von Mises y Friedrich Hayek, esencialmente apegada a un programa de reactivación del liberalismo clásico, y extremadamente hostil a la intervención estatal en la economía, y otra conformada por muchos de los participantes alemanes y franceses, que pretendía dar origen a un «neoliberalismo» que tomase nota del fracaso del liberalismo de Mánchester y se preocupase por la suerte de las clases trabajadoras duramente golpeadas por la crisis económica.[12] Fue entonces cuando Aron conoció a Hayek. Y, sin duda, allí comenzó a mantener una relación ambigua con la obra de este, una relación que combinaba la admiración sincera y la distancia crítica.

Esta ambigüedad se explica por la posición de nuestro autor. En aquella época, su visión del liberalismo económico estaba llena de matices, pues a pesar de ser compañero de viaje de la Sección Francesa de la Internacional Obrera (SFIO), votante del Frente Popu-

---

12. S. Audier, *Le colloque Lippmann, op. cit.*

lar[13] y lector apasionado de Keynes, criticó vigorosamente la política económica de Léon Blum.[14] A lo largo de la década de 1930, Aron se afirmó así como un filósofo socializador, pero consciente de la necesidad de cierto grado de liberalismo para garantizar el buen funcionamiento de la economía; en particular, se preocupaba por proporcionar una base económica sólida a las libertades políticas impugnadas por los regímenes totalitarios.[15]

Después, Aron y Hayek se codearon en Londres durante la Segunda Guerra Mundial, en concreto en el Reform Club, donde el filósofo francés fue presentado por el director del departamento de economía de la London School of Economics, Lionel Robbins. Pero hoy está establecido que las relaciones entre Aron y Hayek, aunque «marcadas por una gran estima intelectual, nunca llegaron a ser amistosas».[16]

En 1944, Hayek publica una obra de gran repercusión, *Camino de servidumbre*. Se trata de un libro polí-

---

13. J.-F. Sirinelli, «Raymond Aron avant Raymond Aron (1923-1933)», *Vingtième siècle. Revue d'histoire*, vol. II, n.º 1, 1984.

14. R. Aron, «Réflexions sur les problèmes économiques français» (1937), en *Commentaire*, n.º 28-29, 1985.

15. *Id.,* «États démocratiques et États totalitaires» (1939), en *Penser la liberté, penser la démocratie*, Gallimard, París, 2005.

16. N. Baverez, *Raymond Aron. Un moraliste au temps des idéologies*, Flammarion, París, 1993, p. 164.

tico, recibido como tal, que lanza una violenta acusación contra el colectivismo y al mismo tiempo ofrece un vibrante alegato en favor del liberalismo económico.[17] Hayek hace de este la clave de la resistencia al totalitarismo, un fenómeno político descrito como el «inevitable resultado» de las «tendencias socialistas del periodo anterior».[18] Basándose en Tocqueville, afirma que el socialismo conduce directamente a la esclavitud y que, por lo tanto, los europeos deben encontrar con rapidez «el camino [que han] abandonado», el del liberalismo económico:

> Antes de que el espectro del totalitarismo se convirtiera en una amenaza real, durante al menos veinticinco años nos habíamos ido alejando progresivamente de las ideas básicas sobre las que se ha erigido la civilización europea. Que este movimiento en el que entramos con

17. En esta batalla ideológica, cuyo contexto es la publicación del Informe Beveridge en 1942, Hayek se encuentra aislado, pero no está solo. Puede contar con los esfuerzos de su maestro, Ludwig von Mises, quien publica también en 1944 *Omnipotent Government: The Rise of the Total State and Total War,* obra cuyo penúltimo capítulo se titula «The Delusions of World Planning». Tres años más tarde, Mises publicará un opúsculo de título elocuente, *Planned Chaos* —incluido con posterioridad en las reediciones de su libro de 1922 *Socialism.*

18. F. A. Hayek, *The Road to Serfdom* (1944), Routledge, Abingdon (Oxforshire), 2001, p. 4.

tantas esperanzas y ambiciones nos haya puesto ante el horror totalitario ha supuesto un profundo *shock* para esta generación, que todavía se niega a conectar ambos hechos. Sin embargo, este desarrollo no hace más que confirmar las advertencias de los padres de la filosofía liberal que todavía profesamos. Hemos abandonado progresivamente esa libertad en los asuntos económicos sin la cual jamás ha existido la libertad personal y política.[19]

Allende esta defensa de la libertad económica, que constituye verdaderamente el núcleo del libro, Hayek deplora en general el abandono del individualismo que, según él, caracteriza a la civilización europea desde Pericles y Tucídides —una tesis cuando menos audaz—. Por lo tanto, el socialismo —término que el autor nunca define realmente, pero que en esencia asocia al colectivismo económico— es contemplado en la obra como responsable de una mortífera desviación del camino seguido por Occidente desde Atenas. En este sentido, cabe señalar que Hayek no pierde el tiempo con sutilezas; por ejemplo, no ve diferencia alguna entre el marxismo y la socialdemocracia.[20] A sus ojos, se trata simplemente de

19. *Ibid.*, p. 13.

20. J. Baudouin, «Relire 'La route de la servitude' de F. A. Hayek. Une lecture paradoxale du totalitarisme», en P. Morvan (dir.), *Mélanges en l'honneur du Professeur Yves Guchet*, Bruylant, Bruselas, 2008.

dos variantes de un mismo fenómeno, el socialismo, reconocible sobre todo por su modo de acción: la planificación económica.[21]

En esta época, Aron, también exiliado en Londres, percibe la situación de manera muy distinta. En julio de 1941, profetiza lo siguiente en la revista de la France Libre:

> En la fase de reconstrucción que debe seguir a la guerra, es decir, durante un periodo bastante largo, el Estado tendrá que dirigir parcialmente la economía, y, tras este periodo, tendrá al menos que controlar la vida económica.[22]

Al mes siguiente, abordando el problema de que el totalitarismo se valga de las masas empobrecidas, escribe:

> Las democracias tendrán que poner remedio a esta dejación, a la tendencia gregaria de esas personas aisladas y accesibles a todas las llamadas. En otros términos, sea cual fuere el papel otorgado a la libertad de comercio y a la organización del mercado en el futuro sistema eco-

21. F. A. Hayek, *The Road to Serfdom, op. cit.*, p. 22.
22. R. Aron, «Bureaucratie et fanatisme» (1941), en *Chroniques de guerre. La France libre, 1940-1945*, Gallimard, París, 1990, p. 465.

nómico, una cosa es cierta: ningún régimen político y social será viable, será tolerado, si no le garantiza un mínimo de seguridad al hombre común. Y la seguridad fundamental, en nuestro tiempo, consiste en la seguridad de disponer de un empleo.[23]

Esta cuasi alabanza del derecho al trabajo, que habría horrorizado a Tocqueville a pesar de que este se distanció del liberalismo económico,[24] parece cuando menos difícil de conciliar con las posiciones defendidas por Hayek en su *best seller.*

Además, en sintonía con lo que ya había dicho ante la Sociedad Francesa de Filosofía antes de la guerra,[25] Aron considera que, una vez vuelva la paz, será necesario recurrir a determinadas técnicas económicas y administrativas de los Estados totalitarios.[26] A diferencia de Hayek, sostiene que las técnicas de organización de la economía «son neutras» y «no determinan el destino de los hombres».[27] De ahí que nuestro autor contemple

23. *Id.*, «Naissance des tyrannies» (1941), en *Chroniques de guerre, op. cit.*, p. 517.

24. Para apreciar esta distancia, véase J.-L. Benoît y E. Keslassy, *Alexis de Tocqueville. Textes économiques: anthologie critique*, Pocket, París, 2009.

25. R. Aron, «États démocratiques et États totalitaires», art. cit.

26. *Id.*, «Naissance des tyrannies», art. cit.

27. *Id.*, «Du pessimisme historique» (1943), en *Chroniques de guerre, op. cit.*, p. 629.

un horizonte de libertad política y se aleje de los ataques hayekianos a un socialismo de contornos vagos:

> Salvaguardar los valores esenciales de la democracia política —a saber, el derecho de oposición, la elección y el control de los gobernantes por los gobernados, las libertades intelectuales—, adoptando al mismo tiempo ciertos métodos de gestión económica: tal es la tarea principal de nuestro tiempo. La experiencia de las democracias en guerra demuestra que esta tarea, por ardua que sea, no resulta inalcanzable.[28]

En efecto, hay una distancia enorme entre este horizonte contemplado por Aron y la condena hayekiana de la «gran utopía» del «socialismo democrático».[29]

Tras la guerra, nuestro autor es aún más explícito en su crítica de un liberalismo económico que sigue teniendo en Hayek a uno de sus adalides más brillantes —si bien este se halla marginado en la era del triunfo del keynesianismo—.[30] En *El gran cisma* (1948), Aron, por entonces involucrado en el Rassemblement du Peuple Français (RPF) del general de Gaulle, realiza una serie

---

28. *Ibid.*, p. 633.
29. F. A. Hayek, *The Road to Serfdom, op. cit.*, p. 25.
30. B. Caldwell, *Hayek's Challenge: An Intellectual Biography of F. A. Hayek*, University of Chicago Press, Chicago, 2005.

de propuestas de reforma económica en Francia que le llevan a aclarar su posición:

> Que nadie diga que buscamos en vano restablecer un liberalismo muerto. Vivimos y seguiremos viviendo bajo un régimen intermedio. Los dos sistemas extremos, aquel en el que los mecanismos del mercado operan sin obstáculos y aquel en el que el Estado realiza la planificación, son, en teoría, más lógicos y más sencillos que el sistema mixto. Sin embargo, en Europa Occidental la planificación integral es inconcebible, salvo como subproducto de la invasión soviética, y el liberalismo integral queda excluido tanto por las circunstancias económicas como por la psicología de los hombres. La tarea es hacer viable el régimen mixto, el cual, hasta ahora, no lo ha sido.[31]

Quince años después, en un ensayo dedicado al «fin de las ideologías», Aron vuelve a considerar que el mercado sin obstáculos y la planificación completa son «dos sistemas globales en decadencia».[32]

Si comparamos esta inequívoca crítica aroniana de un «liberalismo integral», que sería un «liberalismo

---

31. R. Aron, *Le Grand schisme*, Gallimard, París, 1948, p. 290.

32. *Id.*, «Fin des idéologies, renaissance des idées» (1964), en *Les sociétés modernes*, PUF, París, 2006, p. 399.

muerto», con lo que Hayek escribe entonces, la oposición es obvia. De hecho, el economista austriaco afirma que «tanto la competencia como la dirección centralizada se convierten en instrumentos pobres e ineficientes si son incompletas», a lo que añade que «la combinación de ambas hace que ninguna de las dos funcione realmente, y que el resultado sea peor que si se hubiese confiado de manera constante en uno de los dos sistemas».[33] En suma, la economía mixta es incluso más dañina que la planificación; por lo tanto, constituye un mal absoluto. El hecho de que Hayek hable a veces de la naturaleza virtuosa de la «planificación en favor de la competencia» (por oposición a la planificación *contra* la competencia),[34] no debería enmascarar el hecho de que las posiciones de ambos autores siguen siendo muy distantes: así lo confirman tanto la ulterior crítica hayekiana al constructivismo —concepto ausente en *Camino de servidumbre*— como las arengas habituales del economista contra el socialismo democrático y el socialismo liberal.

Para aclarar la oposición entre ambos autores, debemos examinar ahora una cuestión decisiva: la relación entre libertad económica y libertad política. Como hemos

---

33. F. A. Hayek, *The Road to Serfdom, op. cit.*, p. 43.
34. *Ibid.*

visto ya, al comienzo de *Camino de servidumbre* Hayek afirma que, sin libertad económica, «jamás ha existido la libertad personal y política».[35] ¿Se sostiene realmente esta tesis a lo largo del trabajo? Tal parece ser el caso. En el capítulo VII, el autor nos dice que «la libertad política carece de significado sin la libertad económica», y que esta última es el «prerrequisito de cualquier otra libertad».[36]

Pero el liberalismo de Aron se opone a esta primacía otorgada a la libertad económica. Y este punto de divergencia le lleva muy pronto a establecer una provocativa conexión entre Hayek y Marx: el primero sería en cierto modo un «marxista de derechas». Así lo expresa Aron en la conferencia pronunciada en el Congreso por la Libertad de la Cultura en 1951, en la que busca claramente distinguirse de Hayek, quien ha hablado el día anterior ante la misma asamblea. Nuestro autor contempla la doctrina de este como una especie de «marxismo invertido». Y no duda en declararlo en la tribuna de esta «Internacional Anticomunista», cuya historia es hoy bien conocida:[37]

35. *Ibid*, p. 13.
36. *Ibid..*, p. 104.
37. P. Grémion, *Intelligence de l'anticommunisme. Le Congrès pour la liberté de la culture à Paris, 1950-1975*, Fayard, París, 1995.

Me temo que algunos de mis amigos liberales —que ellos me perdonen la herejía— le auguran al socialismo el mismo destino que este le auguró al liberalismo clásico. En lugar de contemplar la economía planificada como el final de las contradicciones capitalistas, la ven como el comienzo de la servidumbre, cuando no de la miseria. La planificación se convierte en un mal en sí, tal como según otros lo era la anarquía capitalista. Se ha formado así una especie de ortodoxia económica liberal, que no deja de ser inquietante para mi propio liberalismo, inmoderadamente moderado.[38]

Dos argumentos desarrollados por Aron unos años más tarde, en las *Dieciocho lecciones sobre la sociedad industrial,* nos permiten comprender el significado de esa declaración.[39] Tras haber diseccionado cuidadosamente las críticas socialistas al capitalismo, el autor analiza las críticas liberales al socialismo, en este caso las de Ludwig von Mises y Friedrich Hayek —recordemos que la atención que Aron les presta a ambos no va de suyo, pues la influencia de la Escuela Austriaca es marginal en este momento—. Nuestro autor cuestiona sus dos objeciones principales. La primera, iniciada por Mises en la década

38. Citado en S. Audier, *Néo-libéralisme(s), op. cit.,* p. 318.
39. R. Aron, *Dix-huit leçons sur la société industrielle* (1962), en *Penser la liberté, penser la démocratie,* Gallimard, París, 2005.

de 1920, afirma que el socialismo es económicamente ineficiente, porque se priva de la información proporcionada por el sistema de precios y, por lo tanto, hace imposible cualquier cálculo económico racional. Por esa misma razón, sería un modo de funcionamiento que ni siquiera merece el nombre de economía y que, en cualquier caso, está condenado a la autodestrucción.[40] La segunda objeción, desarrollada por Hayek en su libelo, sostiene que el socialismo es un sistema económico políticamente peligroso, ya que conduce de manera inevitable a la supresión de las libertades individuales y políticas.

La discrepancia de Aron se basa modestamente en dos hechos. En primer lugar, señala que la economía socialista existe desde hace varias décadas y que a medio plazo ha funcionado —recuérdese que estamos en 1962—. Quizá no sea esa la organización óptima de la economía, y sin duda los planificadores deben inspirarse en los precios occidentales para fijar los suyos, pero la experiencia demuestra que, hasta la fecha, ese sistema económico es viable. A continuación, Aron recuerda que fue la ideología marxista-leninista, y no el colectivismo económico, la responsable de la desaparición de la liber-

40. L. von Mises, *Socialism: An Economic and Sociological Analysis* (1922), Jonathan Cape, Londres, 1936; *Human Action: A Treatise on Economics,* Yale University Press, New Haven (Connecticut), 1949.

tad política en la URSS y en los países de la órbita soviética. Nuestro autor ve así en las críticas realizadas por
la Escuela Austriaca una simplificación de la realidad,
una simplificación que es fruto de una perspectiva ideológica, similar en su estructura, aunque invertida en sus
juicios, a la del marxismo. Desde el punto de vista me-
todológico, este liberalismo dogmático le parece a Aron
basado en una lógica similar, es decir, en un determi-
nismo económico: para Hayek, como para Marx, la in-
fraestructura económica condiciona la superestructura
política, y, según el vienés, la planificación económica
conduce inevitablemente al totalitarismo.

Llama la atención que esta crítica aroniana fuese
ampliada tres décadas después, en el contexto de la «revolución liberal» de los años 1980, por dos jóvenes filósofos franceses. Luc Ferry y Alain Renaut emplearon
entonces argumentos muy similares a los de Aron para
oponerse al resurgimiento del liberalismo económico, y
más concretamente a «la disolución historicista de los
derechos-libertades», a la cual, según ellos, conduciría
el pensamiento de Hayek.[41] Siguiendo sin saberlo los

41. L. Ferry y A. Renaut, Alain, *Philosophie politique. Des
droits de l'homme à l'idée républicaine* (1984), PUF, París. 1999, p.
139. Al año siguiente ampliaron su crítica ofreciendo una interpretación neokantiana: L. Ferry y A. Renaut, «Droits-libertés et droits-
créances. Raymond Aron critique de Friedrich A. Hayek», *Droits*,
n.° 2, 1985.

pasos Aron —ellos conocen la réplica ética desarrollada por este en *Ensayo sobre las libertades,* pero no su crítica a Hayek en los términos de un «marxismo invertido»—, los dos jóvenes filósofos franceses aíslan en el sistema hayekiano una «estructura intelectual» idéntica a la de dicho marxismo.[42]

Se destacan así dos puntos de convergencia con Aron: la crítica del historicismo, del que el evolucionismo hayekiano es para Ferry y Renaut solo una variante, y la crítica del economicismo señalado ya en su momento por Aron, según el cual Hayek se contentaría con invertir el valor atribuido por Marx al capitalismo y al socialismo. Estos puntos de convergencia permiten a Ferry y Renaut describir el pensamiento de Hayek como «una teoría de la argucia de la razón económica»,[43] que se parece «menos a la antítesis del marxismo que a su hermano enemigo».[44] Veinte años más tarde, Alain Renaut reformulará esta crítica subrayando el carácter antipolítico del pensamiento de Hayek: para este, el orden político no ejerce una función instituyente; el horizonte hayekiano sigue siendo el mismo que el de Marx: «la muerte del Es-

---

42. *Id., Philosophie politique, op. cit.,* p. 149.

43. Algo que Aron ya había hecho en los años cincuenta. *Cf.* R. Aron, *El opio de los intelectuales* (1955), Página Indómita, Barcelona, 2018.

44. L. Ferry y A. Renaut, *Philosophie politique, op. cit.,* p. 152.

tado como distinto de la sociedad».[45] Esta tesis del «marxismo invertido», en la que está implícito el carácter fundamentalmente político del liberalismo de Aron,[46] no resume sin embargo la crítica aroniana, pues esta también concierne a la definición hayekiana de la libertad.

¿La libertad o las libertades?

Destinatario de un ejemplar enviado por el autor cuando el libro fue publicado en 1960, Aron leyó muy atentamente *Los fundamentos de la libertad* de Hayek. La importante reseña que publicó en los *Archives européennes de sociologie* al año siguiente da testimonio de esta atención. Nuestro autor nos cuenta que aprecia sin duda el intento de Hayek de reformular el liberalismo, pero de ninguna manera intenta enmascarar los desacuerdos con él, que en esta ocasión son de naturaleza filosófica, ya que la obra se adentra en el campo de la filosofía política. En particular, son dos los pilares del sistema hayekiano examinados en la reseña.

45. A. Renaut, *Qu'est-ce qu'une politique juste? Essai sur la question du meilleur régime*, Grasset, París, 2004.
46. Al respecto, véanse, por ejemplo: R. Aron, *Democracia y totalitarismo* (1965), Página Indómita, Barcelona, 2017; S. Audier, *La démocratie conflictuelle*, Michalon, París, 2004, y G. Châton, *Raymond Aron. Une introduction*, La Découverte, París, 2017.

Aron critica primero la definición de la libertad ofrecida por Hayek. En el primer capítulo del libro, este explica que la libertad es «el estado de cosas en el que un hombre no está sujeto a la coerción de la voluntad arbitraria de otro u otros hombres».[47] Por lo tanto, la libertad debe entenderse únicamente como la ausencia de tal coerción, como el hecho de ser independiente, de no verse reducido al rango de instrumento de otro hombre. Para Aron, esta es una concepción muy restrictiva de la libertad, que la reduce arbitrariamente a uno solo de sus componentes. De hecho, tal concepción excluye otras cuatro dimensiones de dicha libertad, que tienen en común el estar ligadas a la existencia de cierto grado de coerción:

1. La *libertad interior,* es decir, el hecho de poder pensar libremente. Esta solo se adquiere tras una educación en la autonomía, una educación que implica verse sometido a la coerción durante los primeros años de vida.
2. La *libertad política,* esto es, el hecho de poder elegir a nuestros representantes y participar en determinadas decisiones. Está estrechamente ligada la obe-

47. F. A. Hayek, *The Constitution of Liberty* (1960), University of Chicago Press, Chicago, 2011, p. 58.

diencia a las leyes, así como a los dirigentes designados de manera colectiva.

3. La *libertad-capacidad,* es decir, el hecho de poder ejercer la propia facultad de actuar. Generalmente requiere la intervención del Estado, que es a menudo la única entidad capaz de garantizar la efectividad de un conjunto de libertades que de otro modo seguirían siendo estrictamente formales (asoma aquí la crítica marxista de las «libertades burguesas»).

4. La *libertad nacional,* esto es, el hecho de que una nación no esté sometida a la soberanía extranjera. Requiere aceptar: *a)* que la política exterior sea a menudo decidida, sin consulta, por un pequeño grupo de líderes; *b)* que la guerra, que va acompañada de restricciones de las libertades individuales, es a veces necesaria para salvaguardar esta forma colectiva de libertad.

En lugar de adoptar una definición abstracta y en última instancia arbitraria de la libertad, Aron prefiere resaltar la irreductible pluralidad de las libertades e insistir en la compleja relación que estas mantienen con la coerción. Como buen discípulo de Max Weber, este camino le lleva a dar prioridad al sentimiento de libertad, adoptando así un enfoque que le parece más operativo que una aproximación «objetivista» como la de Hayek. En efecto, Aron observa que uno puede estar fuertemente constreñido y al mismo tiempo sentirse libre: los ejemplos del soldado y del jesuita ilustran esta posibilidad. La idea aquí es que la libertad no es un hecho que podamos objetivar, sino sobre todo el producto de la relación subjetiva de un individuo con la realidad.[48] Además, el sociólogo weberiano, empeñado en comprender el sentido subjetivamente percibido por los actores, sabe que estos se mueven con frecuencia en una zona gris que se extiende entre los extremos de la pura libertad y la pura coacción: hablamos del dominio de la coacción consentida, que encuentra su lugar dentro de una dominación considerada legítima.[49]

Esta elección metodológica conduce a Aron a una segunda crítica, que se refiere a la distinción, cuidadosamente trazada por Hayek, entre leyes y mandamientos. Para el economista-filósofo, como para los juristas,

48. Esta tesis «subjetivista» plantea sin duda dificultades importantes, claramente destacadas por Alain Boyer, en particular la de la esclavitud voluntaria —A. Boyer, «Liberté et soumission. Remarques sur l'analyse aronienne de la conception hayékienne de la liberté», en S. Audier, M.-O. Baruch y P. Simon-Nahum (dirs.), *Raymond Aron, philosophe dans l'histoire*, Éditions de Fallois, París, 2008—. Sin embargo, tal concepción de la libertad sigue siendo más coherente con el pluralismo de valores que una concepción estrictamente objetivista.

49. Véase M. Weber, *Economía y sociedad*, (1922).

la ley se caracteriza por su abstracción y su generalidad: se aplica a todos, incluidos los gobernantes, en todas partes y del mismo modo. Por el contrario, una orden se caracteriza por su especificidad y su particularidad: se aplica a individuos concretos, a quienes los gobernantes prescriben una acción específica. Hayek concluye que la extensión del dominio de la ley es el horizonte que debe fijarse una sociedad libre. Así, el autor se une a la tradición del liberalismo clásico que, después de Locke,[50] hace del Estado de derecho el medio más eficaz para poner límites al gobierno:

> Cuando obedecemos las leyes, entendidas estas como reglas abstractas generales, establecidas independientemente de su aplicación a nosotros, no estamos sujetos a la voluntad de otro hombre y, por lo tanto, somos libres.[51]

Aquí, nuevamente, Aron recurre a los argumentos sociológicos para cuestionar la oposición entre leyes y mandamientos. En primer lugar, señala que las leyes no siempre son generales, porque a veces enmascaran la defensa de intereses particulares: en este caso, a pesar de

---

50. J. Locke, *Segundo tratado sobre el gobierno civil* (1690).
51. F. A. Hayek, *The Constitution of Liberty*, *op. cit.*, p. 221.

su aparente generalidad, son opresivas. A continuación, Aron plantea otra dificultad: los mandamientos no siempre se perciben como coerciones, a pesar de su especificidad. Y señala además otro elemento del razonamiento de Hayek que considera eminentemente problemático: la idea según la cual una ley, aunque solo se dirija a una categoría de la población, ha de ser aceptada por el conjunto de dicha población. Para Aron, que menciona en particular la cuestión de los servicios sociales y de los impuestos progresivos, tal idea hayekiana es peligrosa, porque equivale a «conferir a cualquier grupo minoritario un derecho moral de veto sobre la legislación».[52] En suma, al intentar evitar la «tiranía de la mayoría» denostada por John Stuart Mill y Tocqueville, Hayek estaría dando lugar a una «tiranía de las minorías» que impediría cualquier redistribución de la riqueza.

La crítica aroniana se basa, pues, en el carácter demasiado abstracto y dogmático de los fundamentos filosóficos que Hayek propone para las sociedades libres:

> Ninguno [de los criterios propuestos por Hayek] es por sí solo decisivo, pero todos juntos sugieren un ideal: el de una sociedad donde el Estado dejaría a las

---

52. R. Aron, «La definición liberal de la libertad». Véase, más adelante, p. 91.

iniciativas individuales un margen de maniobra lo más amplio posible, donde los gobernantes se someterían a las mismas obligaciones, las mismas prohibiciones y las mismas autorizaciones que los ciudadanos de a pie, donde los privilegios y la discriminación se reducirían al mínimo. Pero no existe una definición objetiva, eternamente válida, de lo que llamamos «discriminación», tal como no la hay de la coerción ni, por consiguiente, de la libertad.

El pensamiento de Hayek me parece perfectamente claro en el nivel en el que se sitúa de ordinario, es decir, como doctrina de aquello que la sociedad moderna debería ser. Pero los fundamentos filosóficos que el autor ha buscado dar a este ideal social me parecen frágiles.[53]

Además, al limitar la libertad a la ausencia de coerción, el pensador vienés mutilaría gravemente el ideal que pretende promover, porque:

Los hombres sacrifican parte de su esfera privada para ser gobernados por hermanos de raza, lengua o religión, para ser tratados como iguales, para darse una patria, incluso por la esperanza de escapar de la pobreza.[54]

53. *Ibid.*, pp. 95-96.
54. *Ibid.*, p. 113.

La libertad-independencia, que Hayek eleva al rango de bien primario, puede no ser más que un bien secundario para los hombres guiados por otras concepciones de la libertad. Aron llama la atención sobre el hecho de que la definición de la libertad aquí privilegiada, al igual que el sentimiento de libertad, depende en gran medida de circunstancias sociohistóricas siempre particulares. De lo cual se sigue que la existencia de una esfera privada, aunque es esencial a ojos de Aron, no puede ser el alfa y omega del liberalismo moderno:

> Si bien es legítimo considerar como uno de los objetivos quizá primordiales del orden social el respeto y la ampliación de esta esfera de decisión privada, lo cierto es que resulta inaceptable emplear ese único criterio para juzgar todas las sociedades actuales.[55]

En su *Ensayo sobre las libertades,* cuyo título es ya elocuente, Aron volverá sobre este punto, en el que cristalizan los desacuerdos filosóficos que lo oponen a Hayek. Nuevamente lo critica por favorecer una definición de la libertad que en última instancia se reduciría a «la libertad del empresario o del consumidor».[56] Elegir tal definición es dejar de lado conscientemente

55. *Ibid.*
56. *Id., Essai sur les libertés* (1965), Hachette, París, 2005, p. 123.

la libertad del asalariado, que no busca ante todo la ausencia de coerción, sino el aumento de su capacidad de actuar:

> Las libertades de los liberales no han resultado ser indiferentes a las masas, si incluimos entre tales libertades la seguridad, el derecho de hablar o escribir, el derecho de elegir a sus representantes o el derecho de una población a constituirse como un Estado independiente. En cambio, la crítica realizada por los *Whigs* solo convencerá a una minoría mientras confunda un aspecto de la realidad con el conjunto de la misma e ignore la fuerza de las reivindicaciones igualitarias.[57]

Al pedir una conciliación de la libertad-independencia y la libertad-capacidad, Aron se sitúa en un marco completamente distinto del planteado por Hayek, pero también del ofrecido por Berlin en su famoso ensayo, publicado dos años antes que *Los fundamentos de la libertad*.[58] De hecho, a Hayek le resulta

---

57. *Ibid.*, p. 125.

58. Esta convergencia de Berlin y Hayek en lo que atañe a la definición de la libertad no debería hacernos obviar todo aquello que los separaba en el terreno político. Serge Audier cita una reveladora carta de Berlin, fechada en 1945, en la que el historiador de las ideas británico ataca al «espantoso Dr. Hayek», según él responsable, junto con Ludwig von Mises, de la propagación de ideas

imposible aceptar el juicio ofrecido por Aron en plenos Treinta Años Gloriosos: según este, las sociedades occidentales, basadas en una economía mixta y respaldadas por un Estado de bienestar, ofrecen «el mejor compromiso entre las diversas libertades que la sociedad moderna busca dar a los hombres».[59] De manera más general, el economista-filósofo vienés no puede identificarse con un liberalismo que siempre ha reconocido la validez parcial de la crítica socialista, así como la legitimidad de parte de las reivindicaciones libertarias del movimiento de protesta de finales de los sesenta.[60] Donde Aron escribe que «el "credo liberal", tal como se expresa hoy a ambos lados del Atlántico, toma más elementos prestados del socialismo del siglo XIX que del liberalismo del siglo XVIII»,[61] Hayek ve sin

---

«reaccionarias» en los Estados Unidos —S. Audier, epílogo a C. Rosselli, *Socialismo liberale*, (1930), Le Bord de l'eau, Burdeos, 2009, p. 305. [Véase, asimismo, el libro de conversaciones entre Berlin y Steven Lukes, donde el primero dice lo siguiente: «Siempre he sido partidario del *New Deal*, del Estado de bienestar, y lo sigo siendo. Estoy en contra de un *laissez faire* puro, en contra de reducir al mínimo el papel del Estado. Jamás he defendido eso» —I. Berlin, *Lo singular y lo plural. Conversaciones con Steven Lukes* (1998), Página Indómita, Barcelona, 2018, p. 142. *(N. del E.)]*

59. R. Aron, *Essai sur les libertés, op. cit.*, p. 118.

60. *Id.*, «La libertad, ¿liberal o libertaria?» (1969), Página Indómita, Barcelona, 2018.

61. *Id.*, «Fin des idéologies, renaissance des idées», art. cit., p. 390.

duda la expresión de un peligroso tropismo «socioliberal».

Pero Aron no concluye, de sus análisis, que el punto de vista hayekiano carezca de utilidad. En su *Ensayo sobre las libertades,* subraya repetidamente que la posición de Hayek resulta de interés por ofrecer una nueva perspectiva de ciertos fenómenos contemporáneos:[62] por ejemplo, la extensión de la burocracia y, su corolario, consistente en la decadencia del poder legislativo, ya que a este le resulta cada vez más difícil controlar los actos de la administración. Lo mismo vale para los excesos del sindicalismo: Aron se refiere en particular al sistema de *closed shops,*[63] y se muestra abierto a la reflexión sobre los límites deseables de la acción sindical. Y lo mismo vale también para la igualdad, que según Aron ha de ser solo una idea reguladora, porque querer alcanzarla estrictamente conduce a veces —fuera del ámbito jurídico, se entiende— a «efectos perversos», puestos de relieve por la sociología estadounidense. En este punto, cabe señalar que Aron descarta la igualdad de hecho, pero defiende la igualdad de oportunidades como un horizonte necesario, aunque inalcanzable. Por

62. *Id., Essai sur les libertés, op. cit.,* pp. 126-130.

63. La expresión hace referencia al acuerdo por el que un empleador se compromete a contratar (y mantener en el empleo) únicamente a los miembros acreditados de un sindicato. *(N. del T.)*

último, tenemos la idea de justicia social, con respecto a la cual nuestro autor, sin llegar a ser tan belicoso como Hayek, se muestra algo escéptico, ya que le parece difícil definirla con precisión. Por todas estas razones, Aron cree que la perspectiva del «liberalismo integral» está destinada a sobrevivir en los márgenes de las sociedades modernas, que ahora abrazan legítimamente la ambición igualitaria.[64]

La constatación de esta distancia crítica de Aron con respecto al pensamiento hayekiano, el cual constituye una de las formas más sistemáticas adoptadas por el liberalismo en el siglo XX, nos lleva a detenernos un momento en un análisis del filósofo Pierre Manent. Partidario de una lectura neoaristotélica de Aron,[65] Manent explica que el liberalismo «inspira las inclinaciones» de nuestro autor, «le proporciona elementos para orien-

64. Evidentemente, a mediados de la década de 1960, Aron no se plantea de manera seria la posibilidad de una «revolución liberal», aunque explica que el equilibrio que caracteriza a las sociedades occidentales de posguerra no es necesariamente el punto final de la evolución ideológica de la humanidad. El epílogo que añade a su libro en 1976 muestra que en circunstancias distintas, en este caso las de una crisis económica y una caída significativa del crecimiento, su posición puede acercarse a la de Hayek en ciertos puntos.

65. Una lectura propuesta también por Daniel Mahoney en los Estados Unidos (cf. Le libéralisme de Raymond Aron. Une introduction critique, Éditions de Fallois, París, 1998).

tarse, pero difícilmente se puede caracterizar su enfoque por la intención de aplicar una doctrina liberal».[66] A continuación, Manent opone explícitamente la concepción hayekiana del liberalismo —que lo convierte en una doctrina cuyo objetivo es «volver superflua la política»— y la «política liberal» de Aron, que se basa en una primacía de la política y en un rechazo de todo dogmatismo liberal.[67] Esta distinción nos permite comprender mejor el alcance de una observación hecha de pasada por Aron en su reseña de 1961:

> El ideal de una sociedad en la que cada uno elige a sus dioses o sus valores difícilmente puede difundirse hasta que los individuos hayan sido educados para la vida colectiva. La filosofía de Hayek, por definición, asume como dados los resultados que los filósofos del pasado consideraban como los principales objetos de la acción política. Para dejar a cada cual una esfera privada de decisión y de elección, todavía es necesario que todos o la mayoría quieran vivir juntos y reconozcan un mismo sistema de ideas como verdadero, una misma fórmula de legitimidad como válida. Antes de

66. P. Manent, «La política como ciencia y como preocupación», prólogo a R. Aron, *Libertad e igualdad. Conferencia en el Collège de France* (2013), Página Indómita, Barcelona, 2021, p. 21.
67. *Ibid.*, p. 22.

que la sociedad pueda ser libre, es necesario que sea sociedad.[68]

Esta insistencia en las condiciones de posibilidad de la vida en sociedad, que para Aron es ante todo una vida política y cívica, contrasta con el individualismo que está en la base del pensamiento de Hayek —este punto de desacuerdo será abordado en detalle por nuestro autor en sus cursos en el Collège de France en los años setenta—.[69] Ello nos permite considerar otra característica que distingue al liberalismo de Aron a pesar de que tanto él como Hayek reivindican a Tocqueville. Cabe recordar aquí que este último puede ser descrito como un pensador liberal (como suele ocurrir en Francia) o como un pensador republicano (tal es generalmente el caso en los Estados Unidos).[70] Hayek lo lee sobre todo como a un liberal que lucha ferozmente contra el socialismo, mientras que Aron percibe la dimensión republicana que está presente tanto en Montesquieu como en Tocqueville, y que resuena en el republicanismo que impregnaba el

68. R. Aron, «La definición liberal de la libertad». Véase, más adelante, pp. 106-107.

69. *Id., Leçons sur l'histoire*, Livre de poche, París, 1991.

70. S. Audier, *Tocqueville retrouvé. Genèse et enjeux du renouveau tocquevillien français*, Vrin/EHESS, París, 2005; A. Renaut, *Qu'est-ce qu'un peuple libre? Libéralisme ou républicanisme*, Grasset, París, 2005.

ambiente intelectual en el que nuestro autor se formó —basta aquí con mencionar las estrechas relaciones que Aron mantuvo con Célestin Bouglé.[71]

En el pensamiento aroniano hay claramente una dimensión republicana en tensión con una dimensión liberal. Así lo pone de manifiesto la constancia de una «preocupación cívica» que, según Pierre Manent, fue «el resorte de la vida de pensamiento y acción» de nuestro autor.[72] De hecho, esta preocupación parece incluso aumentar con el paso del tiempo y, en los años setenta, lleva a Aron a manifestar su inquietud antes dos procesos que considera deletéreos: la desaparición de la figura del ciudadano tras la del consumidor y la del productor —promovidas estas precisamente por el liberalismo de Hayek— y el declive de la *virtù* tan apreciada por Maquiavelo, es decir, de la capacidad de acción colectiva. Aron piensa aquí en el peligro que representa, para una Europa cada vez más pacifista, una URSS nuevamente hegemónica.[73] En su última

71. El «momento republicano» francés ha sido bien estudiado por J.-F. Spitz *(Le moment républicain en France,* Gallimard, París, 2005). Al respecto, podemos remitirnos también al trabajo de S. Audier, *Les théories de la république,* La Découverte, París, 2004.

72. P. Manent, «La política como ciencia y como preocupación», en R. Aron, *Libertad e igualdad, op. cit.,* p. 19.

73. R. Aron, *Introducción a la filosofía política. Democracia y revolución* (1997), Página Indómita, Barcelona, 2015.

conferencia, se muestra de hecho muy preocupado por la desaparición de una concepción compartida de la virtud:

> Lo que ya no sabemos en nuestras democracias es dónde está la virtud. Y lo cierto es que las teorías de la democracia y las teorías del liberalismo siempre incluyeron algo así como la definición del ciudadano virtuoso o de la forma de vivir que se ajustaría al ideal de una sociedad libre.[74]

Aron teme que tal evolución, a largo plazo, termine socavando gravemente la estabilidad de las sociedades democráticas. La alabanza de los goces privados a la que se entregaron los liberales desde Benjamin Constant,[75] junto con la liberación de los deseos que se convierte en el nuevo imperativo categórico en la década de 1970, está conduciendo, según nuestro autor, a una «crisis moral» de las democracias occidentales.[76] Este aspecto republicano del liberalismo aroniano, más claro en el «último Aron», lo lleva a mostrarse más vigilante ante los excesos individualistas y hedonistas y, en consecuen-

---

74. *Id., Libertad e igualdad, op. cit.,* p. 81.
75. B. Constant, *La libertad de los antiguos frente a la de los modernos* (1819), Página Indómita, Barcelona, 2020.
76. R. Aron, *Libertad e igualdad, op. cit.,* p. 81.

cia, a preocuparse más aún por la dimensión necesariamente colectiva de la vida humana.

La preocupación cívica que caracteriza el pensamiento del «último Aron» no hace sino resaltar un elemento que lo ha acompañado durante todo su recorrido. Y le lleva a reiterar su crítica al liberalismo de Hayek —aunque sin nombrarlo—. En una serie de entrevistas televisivas realizadas en 1981, nuestro autor deplora la generalización en Occidente de una «representación marxista errónea», que olvida la importancia de la política como orden instituyente.[77] Aron retoma así el argumento del marxismo invertido: «Nuestra civilización, *en la medida en que es liberal,* es también una civilización del ciudadano y no solo del consumidor y el productor».[78] Además, en su obra *En defensa de la libertad y de la Europa liberal,* realiza una sorprendente comparación entre Solzhenitsyn, denunciado entonces por una parte de la intelectualidad francesa como conservador e incluso reaccionario, y una vertiente del pensamiento liberal. De hecho, para distanciarse de tal liberalismo, Aron dice lo siguiente sobre la «Carta a los líderes de la Unión Soviética» firmada por el Nobel disidente:

77. R. Aron, *El observador comprometido. Conversaciones con Jean-Luis Missika y Dominique Wolton* (1981), Página Indómita, Barcelona, 2019, p 375.
78. *Ibid.,* p. 374. La cursiva es mía.

Contiene, de manera explícita, una vieja tesis que siempre han defendido los liberales al estilo de Hayek: la libertad de los individuos es más importante que la democracia como tal, definida esta por el hecho de que el mandato de los gobernantes es fruto de un proceso electoral. Demos, pues, un paso más: una monarquía tradicional ofrece a veces una mejor garantía de las libertades que los procedimientos, típicos de nuestro tiempo, de la democracia de masas.[79]

Todos estos diferentes elementos muestran que la «revolución neoliberal» que entonces se avecina está lejos de constituir para Aron una «sorpresa divina»,[80] sobre todo porque tiende a conllevar la hegemonía de la economía y, por la misma razón, el descuido de la política. A ojos de nuestro autor, tal evolución presenta el riesgo de erradicar las virtudes que caracterizan a las sociedades democráticas, en particular la «agitación permanente» y las «crisis fructíferas».[81] Este elogio de una

79. *Id., Plaidoyer pour l'Europe décadente,* Robert Laffont, París, 1977, pp. 467-468.
80. Expresión empleada por el periodista y político reaccionario francés Charles Maurras, director de L'Action française, en referencia a la llegada al poder del mariscal Pétain en julio de 1940. Hoy se utiliza sobre todo para subrayar el carácter inesperado y asombroso de un acontecimiento. *(N. del T.)*
81. *Ibid.,* p. 472.

«democracia conflictual»[82] nos encamina a una concepción de la democracia muy distinta de la de Hayek.

¿DEMARQUÍA O DEMOCRACIA?

La cuestión de la democracia es el elemento nodal que separa las dos variantes del liberalismo de la Guerra Fría. Para entender por qué, primero debemos remontarnos a la concepción hayekiana de dicha democracia. En *Camino de servidumbre*, Hayek expone los términos del problema con precisión liberal, al tiempo que deja clara la que será su posición desde entonces:

> No tengo intención de hacer de la democracia un fetiche. Quizá nuestra generación habla y piensa demasiado sobre la democracia, y muy poco sobre los valores a los que esta sirve. […] La democracia es esencialmente un medio, un mecanismo utilitario para salvaguardar la paz y la libertad individual en el interior de un país. Como tal, no es en absoluto infalible. No olvidemos tampoco que a menudo ha habido más libertad cultural y espiritual bajo un régimen autocrático que bajo algunas democracias, y que es al menos concebible que bajo

82. S. Audier, *Raymond Aron, op. cit.*

el gobierno de una mayoría muy homogénea y doctrinaria, el régimen democrático sea tan tiránico como la peor dictadura. [...]

La moda de contemplar la democracia como el principal valor amenazado no está exenta de peligros. Es en gran parte responsable de la errónea e infundada creencia de que, mientras la fuente última del poder sea la voluntad de la mayoría, dicho poder no puede ser arbitrario.[83]

Se deduce de este pasaje la prioridad otorgada al liberalismo sobre la democracia, ya que el primero es elevado al rango de fin, y la segunda, reducida al de simple medio.[84] Esta primacía del liberalismo se asume aún más claramente en *Los fundamentos de la libertad,* libro en el que Hayek busca constantemente distanciarse de los demócratas «dogmáticos» o «doctrinarios» que hacen de la democracia el valor supremo:

83. F. A. Hayek, *The Road to Serfdom, op. cit.,* pp. 73-74.

84. Podemos señalar aquí que Isaiah Berlin mantuvo siempre una posición similar al respecto. Ser partidario de la democracia pluralista no le impidió subrayar que la tentación del monismo está siempre presente y que, en consecuencia, «algunos Estados dirigidos por déspotas han sido más liberales que algunas democracias avanzadas» —*En toutes libertés. Entretiens avec Ramin Jahanbegloo,* Le Félin poche, París, 2006, p. 175.

La igualdad ante la ley conduce a la exigencia de que, además, todos los hombres participen por igual en la elaboración de las leyes. Este es el punto donde confluyen el liberalismo clásico y el movimiento democrático. Sin embargo, sus respectivas preocupaciones principales son distintas. El liberalismo (en el sentido europeo y decimonónico del término, al que me adheriré aquí) se preocupa principalmente por limitar los poderes coercitivos de todo gobierno, sea este democrático o no, mientras que el demócrata dogmático solo contempla un límite para el gobierno: la opinión mayoritaria del momento. La diferencia entre los dos ideales se destaca más claramente si nombramos sus opuestos: para la democracia, su antítesis es el gobierno autoritario; para el liberalismo, el totalitarismo. Ninguno de los sistemas excluye necesariamente la antítesis del otro: una democracia puede ciertamente tener poderes totalitarios, y es concebible que un gobierno autoritario actúe de acuerdo con principios liberales.[85]

De manera significativa, justo después de este pasaje, Hayek critica a quienes «emplean la palabra "libertad" en el sentido de libertad política, lo cual los lleva a identificar el liberalismo con la democracia».[86] Recha-

85. F. A. Hayek, *The Constitution of Liberty, op. cit.*, p. 166.
86. *Ibid.*, p. 167-168.

zando la que considera una distorsión del concepto, propone pensar la democracia únicamente como un método de gobierno basado en la regla de la mayoría, como un sistema político que puede ser favorable a la libertad, entendida esta como la ausencia de coerción, pero que no lo es necesariamente siempre y en todas partes. Puesto que la democracia, en este sentido, no es infalible, debemos protegernos contra su posible degeneración en una democracia totalitaria y estar intelectualmente dispuestos, como el autor sugiere desde *Camino de servidumbre*, a preferir una dictadura liberal.[87]

Este recelo hacia la democracia todavía es asumido hoy por los discípulos de Hayek.[88] Incluso lleva a los liberales más radicales a rechazarla en favor de una monarquía[89] o de una pura y simple superación del Es-

87. Una hipótesis a la que Norberto Bobbio se opone basándose en una observación muy simple: «Es poco probable que un Estado no liberal pueda garantizar el correcto funcionamiento de la democracia, del mismo modo que es poco probable que un Estado no democrático pueda garantizar las libertades fundamentales. La prueba histórica de esta interdependencia reside en el hecho de que el Estado liberal y el Estado democrático, cuando caen, caen juntos» *(Le futur de la démocratie, op. cit.,* p. 111).

88. Veáse, por ejemplo, en Francia, P. Salin, *Libéralisme,* Odile Jacob, París, 2000.

89. H.-H. Hoppe, *Democracy. The God That Failed: The Economics and Politics of Monarchy, Democracy and Natural Order,* Transaction Publishers, Piscataway (Nueva Jersey), 2001.

tado.[90] No es el caso de Hayek en *Los fundamentos de la libertad*, ya que el autor acepta explícitamente varias justificaciones de la democracia, en particular la propuesta por Popper, quien la ve como el único método que permite la destitución pacífica de los gobernantes.[91] Sin embargo, a pesar de numerosas precauciones oratorias, Hayek parece cuando menos seguir dudando del argumento según el cual la democracia constituye un baluarte eficaz para la libertad individual. Así, escribe: «La libertad tendría pocas posibilidades de sobrevivir si, para preservarla, confiáramos en la mera existencia de democracia».[92] Entonces, ¿en qué debemos confiar para preservar este valor supremo? Según el autor, en el mercado, por supuesto, pero también en la existencia de una democracia organizada de tal manera que pueda limitar drásticamente el poder de la mayoría.

En *Derecho, legislación y libertad*, Hayek explica que esta autolimitación pretende superar el «malogro del ideal democrático» que caracterizaría al siglo

90. Sobre el libertarismo, véase, por ejemplo, S. Caré, *La pensée libertarienne. Genèse, fondements et horizons d'une utopie libérale*, PUF, París, 2009. Para una expresión reciente de este rechazo radical de la democracia, *cf.* F. Beckman y K. Karsten, *Dépasser la démocratie*, Institut Coppet, París, 2013.

91. K. Popper, *The Open Society and Its Enemies*, Routledge, Abingdon (Oxforshire), 1945.

92. F. A. Hayek, *The Constitution of Liberty, op. cit.*, p. 173.

xx.[93] Paradójicamente, el autor describe al liberal como el mejor amigo de la democracia, un amigo más considerado que el «demócrata dogmático» que precipita la degeneración de dicha democracia en una «democracia ilimitada» —concepto que Hayek toma prestado de la *Política* de Aristóteles—. El pensador vienés critica duramente las democracias de su tiempo, que contempla como un «proceso de compra de votos, con el que los intereses especiales son apaciguados y remunerados».[94] Frente a ello, Hayek se fija como objetivo abrir una vía para evitar conferir

> poder ilimitado a un grupo de representantes electos cuyas decisiones deben guiarse por las exigencias de un proceso de negociación, en el que compran a un número suficiente de votantes para que apoyen a un grupo organizado capaz de reunir más votos que el resto.[95]

El camino que permite salir de este atolladero es denominado por Hayek «demarquía», y se describe detalladamente en el tercer volumen de *Derecho, legisla-*

---

93. *Id., Law, Legislation and Liberty. Volume III: The Political Order of a Free People*, (1979), Routledge, Abingdon (Oxforshire), 1982, p. 98.
94. *Ibid.*, p. 32.
95. *Ibid.*, pp. 4-5.

ción y libertad.[96] Limitar el poder de los gobernantes, mediante el gobierno de la ley, es la clave para el correcto funcionamiento de un régimen que busca crear una relación complementaria entre el liberalismo y la democracia.[97] Pero, en última instancia, tal régimen adopta la forma de una oligarquía carente de legitimidad democrática real.

Es una lástima que Aron no continúe su discusión de las tesis hayekianas abordando *Derecho, legislación y libertad,* ya que esta es sin duda la obra magna del economista-filósofo vienés. Sin embargo, tenemos indicios de que la posición de nuestro autor frente a Hayek no cambia en lo fundamental, e incluso parece volverse más crítica. Así, en 1982, en plena «revolución» thatcheriana y reaganiana, Aron dice lo siguiente en el programa de televisión *Apostrophes:*

96. Para un buen resumen, véase P. Némo, *La société de droit selon F. A. Hayek,* PUF, París, 1988, pp. 343 y sigs. Para una síntesis de la crítica de Hayek a la «democracia ilimitada», podemos remitirnos directamente a dos textos del filósofo: «The Confusion of Language in Political Thought» (1967) y «Whither Democracy» (1976), en *New Studies in Philosophy, Politics, Economics and the History of Ideas* (1978), Routledge, Abingdon (Oxforshire), 1982.

97. V. Vanberg, «On the Complementarity of Liberalism and Democracy: A Reading of F. A. Hayek and J. M. Buchanan», *Journal of Institutional Economics,* vol. IV, n.° 2, 2008, 139-171.

Si definimos a Hayek como liberal, podemos decir que es un liberal extremo desde el punto de vista económico y que, a la vez, desde el punto de vista político, es un conservador.[98]

Para comprender este juicio debemos remontarnos a un curso impartido por nuestro autor en la Escuela Nacional de Administración (ENA) en 1952. En él, Aron examina los efectos que la democracia —entendida como la competencia pacífica por el ejercicio del poder— tiene sobre la organización de la economía. Su tesis se puede resumir en una fórmula: la democracia es incompatible con el mercado. O dicho de otro modo: «En las sociedades industriales, la democracia política parece conducir, necesariamente, a una determinada forma de socialismo».[99]

El razonamiento de Aron se acerca aquí al de Joseph Alois Schumpeter, al tiempo que anuncia los posteriores avances teóricos de Anthony Downs y de la teoría de la elección pública.[100] El punto de partida de nuestro autor es que quienes en mayor o menor medida

---

98. Antenne 2, 29 de enero de 1982.
99. R. Aron, *Introducción a la filosofía política, op. cit.*, p. 137.
100. J. A. Schumpeter, *Capitalismo, socialismo y democracia* (1942), Página Indómita, Barcelona, 2015; A. Downs, *An Economic Theory of Democracy*, Harper, Nueva York, 1957.

salen perdiendo en la vida económica buscan una compensación por parte del Estado. Para ser más eficaces, se organizan en grupos de interés que hacen reivindicaciones corporativistas. Aron insiste en este punto crucial: las sociedades modernas ya no son sociedades de individuos, sino de grupos. La visión liberal clásica, basada en una concepción atomista de la sociedad, resulta hoy inadecuada, ya que ha comenzado la era de los grupos intermediarios. Quienes quieren convertirse en representantes electos han de prometer subsidios a estos grupos, para ganar así sus votos. Y quienes logren llegar al poder deberán cumplir sus promesas o enfrentarse a ser sancionados en futuras votaciones. Aron constata así una evolución del lenguaje político, ligada al lugar que ocupa la economía en las sociedades modernas: «El lenguaje de los intereses parece ser, cada vez más, el único lenguaje que el candidato se atreve a usar».[101] La consecuencia inevitable de esta dinámica es que:

> Todas las sociedades industriales en las que existe una competición pacífica por el ejercicio del poder modifican gradualmente el funcionamiento del sistema capitalista en beneficio de la mayoría.[102]

101. R. Aron, *Introducción a la filosofía política, op. cit.*, p. 136.
102. *Ibid.*, p. 137.

Además, la democracia le parece a Aron incompatible con el mercado, pues él considera que determinado tipo de liberalismo económico solo sería viable recurriendo a un régimen autoritario:

> La competición por el ejercicio del poder, es decir, la democracia política, parece, a la larga, incompatible con el liberalismo económico. A mi juicio, el mayor error de los liberales es haber pensado que el liberalismo político y el económico irían a la par. Opino que el liberalismo político, definido como el sistema electoral parlamentario de competencia por el ejercicio del poder, conduce, de modo casi inevitable, a un sistema de economía en parte dirigida y socialista. Si en nuestra época se intentase realizar un sistema económico liberal como el que desean Friedrich Hayek o Jacques Rueff, sería necesaria la dictadura política.[103]

Y añade:

> Las sociedades industriales no tienen razón alguna para infligirse a sí mismas ni los inconvenientes de un sistema autoritario ni la dureza de una competencia económica brutal.[104]

103. *Ibid.*, pp. 137-138.
104. *Ibid.*, pp. 140-141.

El desacuerdo con Hayek es pues doble, ya que este último quiere garantizar la sostenibilidad del mercado, concebido como el lugar donde se despliega plenamente la libertad-independencia, y limitar la democracia.

Veinte años después, la experiencia chilena tras el golpe de Estado de 1973 proporciona un caso concreto, que lleva a los liberales a dividirse. La cuestión que se plantea entonces es la siguiente: ¿debemos tolerar una dictadura por el hecho de que ponga en marcha la conversión de una economía agraria en una economía industrial y dé rienda suelta a la libertad económica o, por el contrario, condenarla por la ausencia de libertad política, la negación de los derechos humanos y la sangrienta represión llevada a cabo? Los liberales demócratas como Aron no pueden apoyar al régimen chileno, mientas que Hayek y Milton Friedman parecen apostar por que la acción de dicho régimen en favor de la libertad económica, beneficiosa en sí misma, acabará entrañando una evolución hacia la libertad política.[105]

Hayek, pues, no aborda el problema planteado en 1952 por Aron hasta pasadas tres décadas, y reconoce la validez de su diagnóstico:

105. Sobre esta controvertida cuestión de la postura de Hayek, véase el reciente intento de aclaración de B. Caldwell y L. Montes, «Friedrich Hayek and His Visits To Chile», Center for the History of Political Economy, *Working Paper* n.° 2014-12.

Dudo que un mercado que funciona haya surgido alguna vez bajo una democracia ilimitada, y parece cuando menos probable que dicha democracia ilimitada lo destruya allí donde se ha desarrollado.[106]

Este pasaje proporciona una clave para comprender el punto que divide al liberalismo de la Guerra Fría. Para Hayek, la importancia otorgada al mercado debe conducir a aceptar una limitación de la democracia; de ahí las ambigüedades del vienés frente a la «democracia protegida» —como se define el Chile de Pinochet—, pero también una década antes frente al experimento llevado a cabo en el régimen de Salazar.[107] Para Aron, en cambio, la importancia otorgada a la democracia conduce a aceptar la limitación del mercado. Así pues, dos concepciones del liberalismo, una basada en la primacía del liberalismo político y otra en la primacía del liberalismo económico, conducen a dos concepciones opuestas de la democracia.

De hecho, la democracia de los grupos de interés a la que se adhiere Aron no es muy distinta de la «demo-

---

106. F. A. Hayek, *Law, Legislation and Liberty, op. cit.*, p. 77.

107. A este respecto, el juicio de Aron es claro: el régimen portugués «es un régimen que quisiera ser liberal sin ser democrático, pero que no consigue ser lo primero» (R. Aron, *Democracia y totalitarismo, op. cit.*, p. 237).

cracia ilimitada» denunciada por Hayek. Mientras que el segundo se aferrará hasta el final a la representación liberal de una sociedad de individuos,[108] el primero sostiene desde principios de los años cincuenta que «la combinación de la industrialización y el sistema de competencia política hace desaparecer gradualmente los aspectos más individualistas de las sociedades democráticas».[109] Lejos de condenar un sistema político en el que «los gobernantes son, cada vez menos, hombres en una situación independiente y autónoma, y representan, cada vez más, a los grupos de interés», Aron contempla el «sistema de competición pacífica de los grupos organizados» como «la forma normal de gobierno de las sociedades industriales».[110]

Los dos autores, en suma, difieren en su valoración de las consecuencias del surgimiento de un mercado político. Hayek no ve él más que la extensión de un regateo, un tejemaneje con efectos liberticidas, mientras que Aron lo contempla como un elemento positivo, que atestigua la vitalidad de un sistema político basado en

---

108. Una visión puesta de moda por Margaret Thatcher, quien, en una entrevista concedida en 1987 a la revista *Women's Own*, no duda en decir: «No existe tal cosa como la sociedad: existen los hombres y las mujeres individuales».

109. R. Aron, *Introducción a la filosofía política, op. cit.*, p. 140.

110. *Ibid.*

la valorización del conflicto. Lector de Maquiavelo, nuestro autor retiene de los *Discursos sobre la Primera década de Tito Livio* la idea de la fecundidad de la heterogeneidad social y del enfrentamiento de los grupos sociales. Para Aron, la grandeza de la democracia radica precisamente en que puede apoyarse en este tipo de conflictos para superarlos, para garantizar, en definitiva, una gestión pacífica de la lucha de clases, entendiendo que aceptar el principio del diálogo significa también aceptar las «pasiones desatadas» y la «irracionalidad».[111]

Además, si nuestro autor escribe que la democracia es «la verdad moral de nuestro tiempo»,[112] es porque la contempla no solo como un sistema político, sino también como un régimen. Para él, como para Tocqueville, dicha democracia da lugar a cierto tipo de hombre, a cierto tipo de relación entre los hombres, a determinado estado social caracterizado por la extensión continua de la igualdad. A este respecto, Hayek observa acertadamente en *Los fundamentos de la libertad* que la igualdad ante la ley conduce directamente a la igualdad de derechos políticos.[113] Pero se apresura a señalar que:

111. *Id., El observador comprometido, op. cit.,* p. 381.
112. *Id., Espoir et peur du siècle. Essais non partisans,* Calmann-Lévy, París, 1957, p. 109.
113. F. A. Hayek, *The Constitution of Liberty, op. cit.,* p. 101.

La igualdad ante la ley y la igualdad material [...] no solo son diferentes, sino que además están en conflicto; podemos lograr la una o la otra, pero no ambas al mismo tiempo. La igualdad ante la ley, que exige la libertad, conduce a la desigualdad material.[114]

Aron, en el epílogo de la reedición de su *Ensayo sobre las libertades,* expresa ciertamente su desconfianza ante un igualitarismo que adopte un cariz «doctrinario».[115] Pero nuestro autor ha observado ya que la idea de igualdad, una vez adoptada por una sociedad o una civilización, pone en marcha un proceso que no conoce límites:

Una vez establecido que los hombres son iguales y que tienen derecho a participar por igual en la elección de quienes gobiernan, no es tan fácil detenerse. Si los hombres son iguales, ¿hasta qué punto debería limitarse esta igualdad al ámbito político? Así, la idea de igualdad, ligada inicialmente al sistema político de competición electoral, va extendiéndose de forma paulatina a otros ámbitos.[116]

114. *Ibid.,* p. 150.
115. R. Aron, «Postface» (1976), en *Essai sur les libertés, op. cit.,* p. 240.
116. *Id., Introducción a la filosofía política, op. cit.,* p. 71.

Aron no juzga esta tendencia del mismo modo que Hayek, quien se opone a ella alegando que el progreso de la igualdad real requiere la limitación de la libertad-independencia. Nuestro autor, si bien se adhiere al ideal liberal de la limitación del poder, acepta cierta igualación de las condiciones materiales mediante la fiscalidad progresiva —rechazada por Hayek en favor de un impuesto proporcional—; acepta la redistribución y el Estado de bienestar. Reconoce que es inevitable renunciar a una organización estrictamente liberal de la economía en favor de una economía mixta. Aprueba que se proclamen los derechos sociales —a los que a veces incluso llama «libertades sociales»—[117] y que se confíe al Estado la tarea de garantizarlos. Así, asigna a la democracia un valor claramente positivo, ya que esta posibilita un reformismo prudencial similar al defendido por Karl Popper.[118]

Ese horizonte exige que no dependamos únicamente de las fuerzas oscuras del mercado y que demos un papel al Estado, el cual, por lo tanto, no es solo un mal necesario. Para expresar esta oposición de otra manera, digamos que Hayek defiende una justicia conmutativa aplicada únicamente a la igualdad ante la ley,

117. *Id., Libertad e igualdad, op. cit.*, p. 55.
118. J. Baudouin, *La philosophie politique de Karl Popper*, PUF, París, 1994.

mientras que Aron promueve una justicia conmutativa aplicada a la igualdad jurídica y a la igualdad política, a la que añade una justicia distributiva aplicada a la igualdad social —idea que, según el economista-filósofo vienés, «ha atraído con frecuencia a los pensadores liberales, y se ha convertido probablemente en uno de los principales factores que ha conducido a muchos de ellos del liberalismo al socialismo».[119]

Conclusión

¿Qué podemos concluir de esta relectura cruzada de los principales escritos de Aron y Hayek? Que encarnan dos formas distintas de ser liberal en el siglo xx. Hayek absolutiza una libertad-independencia que, en última instancia, solo es plena y completa en el mercado: hay que preservar este espacio frente a las intervenciones del Estado, que son necesariamente cada vez más numerosas en una «democracia ilimitada». Aron, si bien comparte el mismo ideal de la independencia individual, se niega a reducir la libertad únicamente a esta dimensión. Este *non possumus* le lleva a una apreciación significati-

119. F. A. Hayek, «Liberalism», en *New Studies in Philosophy, Politics, Economics, and the History of Ideas, op. cit.*, p. 140.

vamente distinta —y en muchos aspectos opuesta— del mercado y de la democracia. Hayek no duda en hacer declaraciones públicas un tanto provocativas para ilustrar su posición:

> Estoy cada vez más convencido de que una sociedad libre eficaz necesita con urgencia núcleos de poder independiente, como los representados por unos cuantos hombres ricos, quienes tienen tanto el tiempo libre como los medios para defender causas impopulares y oponerse al poder monolítico de la máquina gubernamental que representa a la mayoría.[120]

Aron probablemente no habría estado de acuerdo con tal afirmación. Es más, cabe pensar que su formulación le habría molestado un poco.

Pero, en definitiva, ¿qué elementos subyacen en la crítica de Aron al liberalismo de Hayek? Podemos subrayar tres divergencias teóricas que parecen decisivas. En primer lugar, Aron siempre se negó a hacer de cualquier valor, incluso de la libertad, un absolu-

120. Discurso pronunciado en la apertura de la Conferencia de Milán del Congreso por la Libertad de la Cultura, el 13 de septiembre de 1955 —*International Association for Cultural Freedom Records,* Box 396, folder 7, Biblioteca de la Universidad de Chicago—. Agradezco a Daniel Steinmetz-Jenkins que me haya proporcionado este pasaje y su referencia.

to.[121] Además, es obvio que concebía los valores modernos como fundamentalmente ambivalentes, hasta el punto de hacer de la igualdad una dimensión de la libertad.[122] En segundo lugar, veía en el liberalismo sobre todo una forma de pensar la política, y no, como Hayek, una crítica del orden político que conduce al deseo de limitar su alcance, por medio tanto del mercado como de un juicioso arreglo constitucional. Por último, sin dejarse engañar por los problemas que plantea la democracia, Aron mantuvo siempre su apego a un régimen que, al dejar a los ciudadanos la libertad de determinar su propio destino, le parecía el resultado natural del proyecto liberal tal como este tomó forma en el siglo XVIII. A diferencia de Hayek, su confrontación con los experimentos totalitarios le llevó a ver la democracia bajo una luz positiva, y no como el punto de partida del camino hacia la servidumbre, y ello a pesar de que nuestro autor se negó a idealizar el régimen político democrático.[123]

La oposición irreconciliable que se desprende de este análisis fue percibida claramente no solo por Aron,

121. R. Pierce, «Liberalism and Democracy in the Thought of Raymond Aron», *The Journal of Politics,* vol. XXV, 1963, 14-35.

122. R. Aron, *Libertad e igualdad, op. cit.*

123. Véase, por ejemplo, su reflexión sobre las múltiples fuentes de posible corrupción de la democracia en *Democracia y totalitarismo, op. cit.,* e *Introducción a la filosofía política, op. cit.*

sino también por Hayek. En un artículo de principios de la década de 1970, este último insistió enérgicamente en la existencia de dos tradiciones liberales: la tradición inglesa, a la que él se adscribía, y la tradición continental, en la que Aron podría encuadrarse fácilmente. Y resumió así esta divergencia interna del movimiento liberal:

> Para la antigua tradición británica, el valor supremo era la libertad del individuo, entendida como la protección legal contra la coerción arbitraria. En cambio, en la tradición continental el primer lugar lo ocupó la reivindicación de la autodeterminación de cada grupo en lo que atañe a su forma de gobierno. Y esto condujo a una temprana asociación y casi identificación del movimiento continental con el movimiento por la democracia, el cual se ocupa de un problema diferente de aquel que constituía la principal preocupación de la tradición liberal de tipo británico.[124]

No hay duda de que, para Hayek, Aron puede ser contemplado como un heredero lejano de John Stuart Mill, es decir, como un liberal británico «disidente» que se ha dejado seducir por los cantos de sirena del socia-

---

124. F. A. Hayek, «Liberalism», *op, cit.* p. 120.

lismo y no ha comprendido los peligros inherentes al constructivismo.[125] A la pregunta «¿liberalismo o democracia?», Hayek responde sin vacilar que hay que ser liberal y solo liberal; Aron, por el contrario, sugiere que hay que ser liberal, pero que en el siglo XX se ha vuelto imposible ser únicamente liberal. Después de 1945, la historia política de Occidente equivalió primero a la victoria de Aron, y después a la revancha de Hayek. Pero, a principios del siglo XXI, la cuestión no parece haber quedado definitivamente zanjada, y se diría que el meollo de esta disputa no ha perdido nada de su intensidad.

125. J. S. Mill, *Socialismo* (1879).

LA DEFINICIÓN LIBERAL DE LA LIBERTAD

Sobre el libro de F. A. Hayek
Los fundamentos de la libertad

El libro de Friedrich A. Hayek ha sido prácticamente ignorado en Francia, y muchos de quienes deberían haberlo leído en Gran Bretaña y los Estados Unidos lo han desdeñado de antemano, al ser hostiles a las tesis del autor de *Camino de servidumbre*. Personalmente, concuerdo sin reservas con lo que dice el profesor J. W. N. Watkins:

> *Los fundamentos de la libertad* habría sido un libro importante en cualquier circunstancia. Pero dada la situación actual de la filosofía política en el mundo de habla inglesa, es una obra de extraordinaria relevancia. En los últimos años, las contribuciones a dicha filosofía política han consistido casi exclusivamente en trabajos históricos —trabajos a menudo de gran excelencia académica, pero que apenas intentan aplicar a cuestiones actuales las ideas discutidas—, o en ocasionales globos sonda que no han volado muy alto a pesar de la ausencia de amarras.[1]

1. J. W. N. Watkins, «Philosophy», en A. Seldon (ed.), *Agenda*

Ya sigamos o no a Hayek, lo sigamos en una parte del camino o hasta el final, es un placer para la mente leer un libro sistemático en el que una inteligencia vigorosa, mediante el rigor lógico y partiendo de una serie de definiciones, ha intentado precisar en qué consiste una sociedad libre; es decir, una buena sociedad.

Las críticas que voy a formular no deben inducir a error: no me impiden suscribir el juicio que acabo de emitir y admirar la magnitud de la construcción.

I

Traduzcamos de manera literal el título del libro: *La constitución de la libertad.*[2] El término *constitución* tiene aquí sin duda una acepción más amplia que en su uso estrictamente legal. Se le da tal sentido que representa en relación con la sociedad el equivalente de la Constitución (en el sentido estricto del término) en relación con el sistema político. Así, determina las leyes según las cuales se organiza la vida en común. ¿En qué condiciones esta organización social merece ser lla-

---

for a Free Society: Essays on Hayek's 'The Constitution of Liberty', Hutchinson, Londres, 1961.

2. Como se ha observado ya, *The Constitution of Liberty* es el título original de la obra. *(N. del T.)*

mada liberal, es decir, respeta *la* libertad de los individuos?

La investigación tiene como punto de partida y fundamento una definición de *la libertad*. Esta, para empezar, se define de manera negativa, por la ausencia de coerción o coacción. Pero la coerción no es un concepto mucho más claro que la libertad; requiere a su vez de una definición —que el lector encontrará al comienzo de la segunda parte del libro—. La definición inicial de la libertad (en inglés, *freedom* y *liberty* indistintamente), según la cual esta no es otra cosa que la ausencia de coerción, tiene sin embargo como consecuencia la exclusión de otras tres ideas, que en nuestro tiempo suelen estar ligadas al concepto de libertad: *a)* la participación en el orden político o, más precisamente, la elección de los gobernantes mediante el procedimiento electoral; *b)* la independencia de una población gobernada por hombres de su propia raza o nacionalidad, una población que rechaza a los amos extranjeros; *c)* el poder del individuo o de la comunidad, capaz de satisfacer sus deseos o lograr sus propios fines. Además, la libertad que Hayek quiere preservar o promover tampoco debe confundirse con la «libertad interior», la capacidad de elegir de manera inteligente o razonable.

Así definida, la libertad se convierte en una realidad negativa pero indivisible. A diferencia de los contrarrevolucionarios o conservadores, que prefieren hablar de *las libertades* más que de *la libertad,* Hayek se atiene al singular. Los hombres son más o menos libres, es decir, la coerción a la que están sometidos es mayor o menor, pero su libertad no se descompone en diversos derechos o en poderes separables. Si dichos hombres son ajenos a la coerción, son libres; o mejor aún: la reducción de la coerción nos da la medida de su libertad.

Esta argumentación supone evidentemente que la coerción, a su vez, es también una realidad indivisible, aunque susceptible de aumentar o disminuir. Tal es el resultado obtenido por la siguiente definición: «La coerción tiene lugar cuando se hace que las acciones de un hombre sirvan a la voluntad de otro, cuando uno no actúa para su propio propósito sino para el del otro».[3] Y, un poco más adelante, se dice: «La coerción implica tanto la amenaza de infligir daño como la intención de provocar cierta conducta».[4] Por lo tanto, la esencia de la coerción es la amenaza de infligir a otro, si no se somete a nuestra voluntad, un castigo —la mayoría de las veces, aunque no siempre, mediante el empleo de la fuerza—. Quien sufre la coerción pierde la capacidad de utilizar su inteligencia para elegir sus medios y sus fines.

3. F. A. Hayek, *The Constitution of Liberty*, University of Chicago Press, Chicago, 1960, p. 133.
4. *Ibid.*, p. 134.

Se convierte en el instrumento de aquel a cuya voluntad se somete:

> Dado que la coerción consiste en el control de los elementos esenciales de la acción de un individuo por parte de otro, solo puede prevenirse permitiendo al individuo asegurarse una esfera privada donde esté protegido contra tal interferencia.[5]

La definición de la coerción confirma la concepción negativa de la libertad. Esta consiste esencialmente en la esfera de decisión y de acción reservada a cada cual. Es libre quien no es esclavo. Es libre quien tiene el estatus legal de miembro protegido de la comunidad, quien no corre el riesgo de ser detenido arbitrariamente, quien tiene derecho a elegir su trabajo y a moverse como le plazca.[6] Hayek no se refiere a cuatro «libertades», sino a cuatro derechos, los cuales son solo una enumeración (no exhaustiva ni definitiva) de aquello que normalmente se halla contenido en la esfera privada, reservada a cada cual.

A partir de estas definiciones iniciales, surgen las cuestiones fundamentales que plantea esta filosofía de

5. *Ibid.*, p. 139.
6. *Ibid.*, p. 20.

la libertad: *1)* ¿Es posible delimitar desde el exterior el dominio de la coerción, distinguir rigurosamente entre las influencias coercitivas y las no coercitivas que los hombres ejercen los unos sobre otros? *2)* En esta tarea de discriminación, ¿es posible atenerse a la separación radical entre la libertad como esfera de decisión privada y los demás sentidos de la libertad? *3)* ¿Es legítimo determinar cuál es la buena sociedad o la sociedad libre recurriendo al único criterio de la libertad como ausencia de coerción? A estas tres preguntas se intentará dar respuesta en las páginas siguientes.

* * *

La vida en sociedad implica la coordinación de las actividades individuales. A su vez, esta coordinación requiere de reglas, es decir, de la distinción entre lo autorizado y lo prohibido. Requiere también de una jerarquía de autoridad, en cualquier empresa colectiva, ya sea esta económica o militar. Sea cual sea el objetivo, cazar animales, asaltar un reducto enemigo o construir un puente, las acciones de cada uno —cazador, soldado o trabajador— son y deben ser parte de un todo que solo existe, como tal todo, en la mente de uno o unos cuantos líderes. Cazadores, soldados y trabajadores se convierten inevitablemente en *instrumentos* de sus líderes, están sometidos a la coerción —salvo que definamos esta de otro modo.

Probablemente Hayek admitirá que un soldado no es libre. Pero esta proposición, indiscutible en un sentido, no es menos compleja; porque el ciudadano que acepta con su voto el servicio militar obligatorio suscribe, por así decirlo, la enajenación temporal de su libertad. Constreñido en la acción diaria, consiente moralmente ese constreñimiento mediante su decisión como ciudadano. Al definir la libertad exclusivamente como «la esfera de decisión individual», se pierde la posibilidad de discriminar entre la situación del individuo alistado por la fuerza en un ejército conquistador y la del ciudadano que cumple con las obligaciones militares que él ha legislado con su voto. O, al menos, esta discriminación, según los conceptos de Hayek, nada tendría que ver con la libertad.

A esta objeción responde el autor de forma casi directa:

Sería difícil sostener que un hombre que, voluntaria pero irrevocablemente, ha vendido sus servicios durante largos años a una organización militar como la Legión Extranjera permanece desde entonces libre en nuestro sentido; o que es libre un jesuita que vive de acuerdo con los ideales del fundador de su orden y se considera a sí mismo «como un cadáver que no tiene ni inteligencia ni voluntad».[7]

Indiscutiblemente, el legionario y el jesuita aceptan obedecer la voluntad directa y específica de otro. Pero ¿qué valor operativo, qué utilidad presenta el concepto de no libertad según la definición de Hayek? Imaginemos a un legionario que ama la profesión militar, que cree en las causas por las que lucha y que confía en sus oficiales: no experimentará ningún sentimiento de opresión.[8] Asimismo, el jesuita enajena efectivamente su libertad, en el sentido de que renuncia de manera total o parcial a su esfera privada de decisión. No es libre en la acepción de Hayek, pues se halla permanentemente constreñido. En este sentido, está oprimido, ya que «la

7. *Ibid.*, p 14.
8. En la p. 143, Hayek escribe:
«Aunque el servicio militar obligatorio, mientras dura, implica indudablemente una coerción severa, y aunque jamás podría decirse que un recluta de por vida es libre, lo cierto es que un período limitado y predecible de servicio militar restringe la posibilidad de moldear la propia vida menos de lo que lo haría, por ejemplo, la constante amenaza de arresto, a la que recurre un poder arbitrario para garantizar la que considera una buena conducta».
El pasaje es interesante porque no contempla la limitación de la coerción en el servicio militar. Por lo tanto, implica que el soldado, como tal, sufre una severa coerción. Hayek no llega a la conclusión de que ciertas actividades humanas y sociales no implican la libertad en el sentido que él le da.

opresión, que tal vez sea tan opuesta a la libertad como la coerción, debería aludir solo a un estado de continuos actos de coerción».[9]

El problema, a mi juicio, reside en un definición demasiado vaga de la coerción, lo cual, dicho sea de paso, se hace manifiesto en el propio libro. En efecto, o bien hay coerción tan pronto como hay enajenación del derecho de decisión y de acción personal, y en ese caso todas las empresas de tipo militar implican coerción, o bien dicha coerción solo comienza cuando el individuo, *en contra su voluntad,* se convierte en instrumento de otro y cede ante este por temor al castigo, y en tal caso conviene introducir, entre la libertad-actividad personal y la coerción operada por la amenaza, un dominio *neutral* en sí de actividad. No cabría decir que el individuo es libre, ya que no elige su objeto, su proyecto o incluso sus medios, pero tampoco se podría decir que está constreñido u oprimido, ya que reconoce la necesidad o (y) la legitimidad de las órdenes que acata.

Si, en el caso del legionario o del jesuita, Hayek puede argumentar rigurosamente que ambos eligen la servidumbre, no puede presentar el mismo argumento con respecto al trabajador. Y lo cierto es que este, al obedecer las órdenes del capataz, del ingeniero o del director,

9. *Ibid.,* p. 135.

sirve claramente a los objetivos de otro, no elige ni sus propios objetivos ni sus propios métodos, y está amenazado de castigo en caso de negarse a obedecer. Probablemente Hayek es consciente de esta posible objeción, ya que utiliza la oposición, a sus ojos decisiva, entre *ley general* y *orden específica* para reintroducir así una esfera de libertad individual en la empresa o en el hogar:

> La manera en que los objetivos y el conocimiento que guían una acción particular se distribuyen entre la autoridad y el ejecutante conforma, por lo tanto, la distinción más importante entre las leyes generales y una orden específica [...]. Tales instrucciones generales constituyen ya reglas de algún tipo, y la acción, bajo ellas, estará guiada por la de la persona actuante. Será el jefe quien decida qué resultados se deben lograr y en qué momento, así como quién debe lograrlos y quizá por qué medios; pero la manera particular en que se obtengan dichos resultados será decidida por los individuos responsables. Por lo tanto, los sirvientes de una gran casa o los empleados de una planta estarán ocupados sobre todo en la rutina de cumplir órdenes permanentes, adaptándolas continuamente a circunstancias particulares, y solo de manera ocasional recibirán órdenes específicas.[10]

10. *Ibid.,* pp. 150-151.

Al respecto, cabe realizar dos observaciones: ¿es cierto que el trabajo, en el hogar o en la empresa, consiste esencialmente en cumplir instrucciones permanentes? ¿Es cierto que la libertad del trabajador se mide por la relación entre instrucciones permanentes y órdenes precisas?, esto es, ¿aumenta dicha libertad conforme aumenta el porcentaje de las primeras y disminuye el de las segundas? Ambas proposiciones me generan dudas. La primera me parece válida para empresas de cierto tipo, pero no para todas. En cuanto a la segunda, por definición, la libertad del trabajador en la empresa se medirá por la parte de iniciativa de la que él gozará en la ejecución de las consignas permanentes. Pero, obviamente, el sentimiento de libertad u opresión del trabajador en la empresa depende de múltiples factores; la extensión de las instrucciones permanentes y la iniciativa en la ejecución solo constituyen uno de ellos.

Concluyamos este primer análisis: Hayek ha querido definir la libertad por la ausencia de coerción, y la coerción como una situación objetivamente identificable. Dado que considera constreñido a todo individuo que parece actuar como un instrumento al servicio de otro, lo cierto es que cualquier proyecto concebido por un solo hombre y ejecutado por muchos resultará en la coerción de quienes no mandan. Salvo que introduzcamos la noción de la «amenaza» por parte del jefe, y del rechazo o resistencia por parte de los ejecutantes. Pero en esta hipótesis el énfasis se desplaza: poco importa que el individuo no elija sus objetivos o sus medios, lo esencial es que se someta a una disciplina que no aprueba, que juzga contraria a sus derechos o a la igualdad. Pero si introducimos este elemento subjetivo en la definición de la coerción, tendremos que introducirlo también en la definición de la libertad. *Del mismo modo que la obediencia de órdenes específicas no implica coerción, la sumisión a las órdenes permanentes o a las leyes generales no garantiza la libertad.*

✳ ✳ ✳

Hayek, huelga decirlo, no niega que la vida en sociedad requiere cierto grado de coerción. No niega que, en la vida privada o en las relaciones interindividuales, cada cual está expuesto al riesgo de ser coaccionado por sus allegados, sus amigos, las personas que conoce. Tampoco niega que, leyes o autoridades públicas al margen, las costumbres y los prejuicios colectivos pueden coaccionar al individuo. Pero considera que estos riesgos de coacción son débiles comparados con los que crea la progresiva sustitución del *gobierno de la ley* por el gobierno de los hombres. No es cierto, dice, que en una sociedad libre los hombres gobiernen sobre los hombres: son las leyes las que gobiernan por igual sobre los gobernantes y los gobernados.

> El concepto de libertad bajo la ley, principal preocupación de este libro, se basa en el argumento de que cuando obedecemos las leyes, entendidas estas como reglas abstractas generales, establecidas independientemente de su aplicación a nosotros, no estamos sujetos a la voluntad de otro hombre y, por lo tanto, somos libres.[11]

Y más adelante añade:

> El hecho es que si «gobernar» significa hacer que los hombres obedezcan la voluntad de otro, el gobierno no tiene tal poder para gobernar en una sociedad libre.[12]

Hayek se remite a una larga y gloriosa tradición, que confunde libertad con obediencia a las leyes y se esfuerza por reducir al máximo la influencia que ciertos hombres ejercen sobre otros.

El propio autor observa una primera dificultad: una ley abstracta, general, igualmente aplicable a todos, puede sin embargo restringir la libertad. Hayek admite

11. *Ibid.*, p. 153.
12. *Ibid.*, p. 156.

que la religión ha servido a menudo de pretexto para el establecimiento de normas que han sido consideradas extremadamente opresivas, e incluso añade que las creencias religiosas han sido la única razón por la cual «se han aplicado universalmente reglas generales que restringen de manera grave la libertad».[13]

El problema, en realidad, es doble: ¿la obediencia a las leyes generales, como tal, es lo mismo que la libertad, según la definición ofrecida de esta palabra? ¿O la generalidad de la ley crea la probabilidad de que las leyes no sean opresivas? A decir verdad, las reflexiones de Hayek sobre este punto me parecen vagas. Nos dice que las leyes pueden restringir la libertad, pero no que puedan ser coercitivas (que puedan someter a alguien a la voluntad de otro). Dice que las leyes generales *pueden ser percibidas* como «opresivas», pero no que lo sean. Solo podrían ser opresivas, en sentido literal, si fuesen expresión de la voluntad de una persona o de un grupo de hombres. Pero si Hayek admitiera que la ley general camufla una voluntad humana, la oposición en la que basa su doctrina perdería su rigor.

Nada es más fácil de imaginar que unas leyes que se ajusten a la esencia de la legalidad y que, sin embargo, sean percibidas como «opresivas». Si una ley prohíbe a

13. *Ibid.*, p. 155.

todos los ciudadanos viajar al extranjero, no es discriminatoria, pero no por ello es liberal. De hecho, una ley discriminatoria puede formularse en términos tales que presente todas las características de la generalidad y la abstracción; por ejemplo, si en adelante nadie tiene derecho a poseer más de un tercio del capital de un diario, ello solo afectará a un reducido número de personas, pero la forma no nos permite discernir si se trata de una «orden» o de una «ley».

La generalidad de una ley, por lo tanto, no permite afirmar que la prohibición promulgada por dicha ley no sea considerada opresiva por quienes están sujetos a ella. Tampoco basta para garantizar la eliminación del elemento de «mando personal» que Hayek considera como la esencia de la coerción. Pensemos en las leyes suntuarias; pueden formularse como reglas generales: *nadie tendrá derecho a poseer más de X hectáreas, nadie tendrá derecho a gastar más de X millones, nadie tendrá derecho a fabricar esta o aquella joya...* No apuntan a nadie en particular, sino a todos aquellos que puedan estar sujetos a estas prohibiciones. Pero las leyes, por muy generales que sean, aunque apunten a todas las personas, solo conciernen *efectivamente* a quienes se hallan en condiciones de hacer lo prohibido. ¿Dónde se encuentra la separación entre las leyes discriminatorias y las otras?

Hayek sugiere dos respuestas: si una ley se aplica por igual a gobernantes y gobernados, no es discriminatoria. Y debe ser aceptable tanto para aquellos a quienes afecta como para aquellos a quienes no. La primera respuesta tiene cierto valor *pragmático*. Nos sentimos tentados de admitir, en primera instancia, que si los gobernantes están sujetos a las mismas leyes que los gobernados, «es probable que se prohíba poco de lo que cualquiera pueda razonablemente desear hacer».[14] Pero una primera excepción, reconocida por Hayek, tiene que ver con los «verdaderos creyentes», sea cual sea su religión, que no dudan en imponer a los demás lo que ellos juzgan conforme con su fe. Si esta fe es económica y proclama —a la manera de Proudhon— la equivalencia de comercio y robo, entonces la prohibición de la propiedad privada de los instrumentos de producción se convertirá en ley. Y esta presentará todas las características formales de la ley. Si Hayek, en su sistema, puede condenarla, es porque la supresión de la propiedad privada entraña la reducción o eliminación de la esfera individual, la ampliación del dominio de las órdenes personales. Es más fácil condenar ciertas leyes si nos remitimos al ideal de la esfera de acción personal que presentar la generalidad de la ley como prueba de que no es opresiva.

14. *Ibid.*

En cuanto al segundo criterio —las leyes que solo se aplican a una categoría de personas deben ser aceptables tanto para los miembros de esa categoría como para el resto de la colectividad—, conferiría a cualquier grupo minoritario un derecho moral de veto sobre la legislación. Aunque la idea no es enunciada de manera categórica, surge, de forma atenuada, en diversas ocasiones a lo largo del libro. En lo que atañe a los servicios sociales que el Estado debe financiar haciendo uso de la coerción, Hayek escribe lo siguiente:

> No es esperable que haya alguna vez completa unanimidad sobre cuál ha de ser el alcance de tales servicios, y, en última instancia, no es obvio que esté moralmente justificado coaccionar a las personas para que contribuyan al logro de fines en los que no están interesadas.[15]

Con respecto al impuesto progresivo se repite el mismo argumento:

> Lo que se requiere aquí es una norma que, al tiempo que deja abierta la posibilidad de que una mayoría se fije a sí misma unos impuestos para ayudar a una minoría,

15. *Ibid.*, p. 144.

no sancione que una mayoría imponga a una minoría cualquier carga que considere justa.[16]

La ley fiscal que establece la progresividad del impuesto sobre la renta es *formalmente* una ley; abstracta y general, no apunta a unas personas en particular. Pero representa una forma de coerción, ya que emplea los ingresos de las personas para los fines fijados por el Estado, es decir, por otras personas. Ahora bien, una vez admitido que es inevitable cierta coerción por parte del Estado, surge la cuestión de cuáles son los límites de este ejercicio legítimo de la coerción estatal. El carácter no discriminatorio de tal coerción, o, en caso de discriminación, la aceptación de esta tanto por la minoría como por la mayoría, proporcionaría un signo externo, y confirmaría la equidad de la discriminación:

> Para que la clasificación de las personas empleada por la ley no conduzca ni a los privilegios ni a la discriminación, debe basarse en distinciones que aquellos dentro del grupo seleccionado, así como aquellos fuera de él, reconozcan como relevantes.[17]

16. *Ibid.*, p. 314.
17. *Ibid.*

Independientemente de lo que se piense sobre el impuesto progresivo, sería excesivo esperar que la minoría rica lo acepte de tan buen grado como la mayoría pobre. La minoría se quejará de *discriminación,* mientras que la mayoría criticará los privilegios. No serán la minoría ni la mayoría las que encuentren la solución para evitar la discriminación y los privilegios, sino los hombres razonables de ambos grupos. Lo cual equivale a decir que no existe un criterio *objetivo* para la no discriminación y la ausencia de privilegios —como tampoco existe una definición objetiva y externa de la coerción.

Por lo tanto, me inclinaría a rechazar una comparación que ocupa un lugar de primer orden en la filosofía de Hayek; según él, las leyes generales, promulgadas por el Estado, serían comparables a las leyes naturales: determinan las condiciones a las que cada uno debe adaptarse para actuar, pero dejan intacta nuestra esfera personal, nuestra libertad de acción. En cambio, las órdenes, ya provengan de otras personas o del Estado, implicarían coerción.

¿Es cierto que las reglas generales pueden considerarse equivalentes a las leyes naturales? No lo creo. Para empezar, en nuestro tiempo los hombres juzgan estas cosas de manera diferente. Saben que las leyes, por generales que sean, son obra de los hombres; el hecho de que la ley que establece dos años y medio de servicio militar no contemple excepciones no significa que, *a ojos de los interesados,* sea asimilable a las leyes naturales. En otros términos, la comparación no se corresponde con los sentimientos de los hombres. ¿Acaso podría ser de otra manera? Las leyes pueden ser eludidas, el individuo ingenioso puede violarlas sin ser sancionado, al tiempo que el individuo honesto puede esforzarse por lograr su modificación. En cualquier caso, la generalidad de una prohibición o autorización legal no tiene el mismo significado que una imposibilidad o posibilidad física. Como habría dicho Durkheim, el vínculo entre la violación de la ley y la sanción es sintético, mientras que entre el acto y sus consecuencias es analítico. Cada uno de nosotros rechazará, y con motivo, la identificación de la ley social con la ley natural cada vez que una ley nos parezca injusta o absurda.

Hayek, con razón, se niega a delimitar la esfera de la autonomía personal sin tener en cuenta las circunstancias de tiempo y lugar. Era legítimo, escribe, que el Estado impusiera la conformidad religiosa mientras los hombres creían en la responsabilidad colectiva hacia alguna divinidad. Para trazar los límites de la zona protegida, la cuestión importante es «si las acciones que deseamos impedir por parte de otros interferirían realmente en las expectativas razonables de la persona protegida».[18] En otras palabras, el Estado tiene el derecho de prohibir aquello que el individuo, en cada época, considere razonablemente que no pertenece a su esfera individual. Esta esfera es más o menos amplia según las sociedades: el contenido de las libertades individuales varía históricamente. Pero, si esto es así, ¿cómo se combinan la definición eterna de la no coerción, basada en la generalidad del derecho, y la historicidad de la delimitación de la esfera personal? A mi juicio, la conciliación requiere que se ponga menos énfasis en el carácter no vinculante de una ley general que en el carácter concreto de las prohibiciones promulgadas por las leyes. Asimismo, nada impide que, mediante leyes generales, se impongan prohibiciones opresivas que tornen ilegal el ejercicio de la decisión personal, en áreas donde los gobernados esperan gozar de ella.

Una vez establecido el carácter histórico, variable, de los límites de la esfera personal, los demás criterios —la no discriminación, la generalidad de la regla, la reducción del dominio de los mandamientos específicos— conservan su significado. Ninguno es por sí solo decisivo, pero todos juntos sugieren un ideal: el de una sociedad donde el Estado dejaría a las iniciativas individuales un margen de maniobra lo más amplio posible,

18. *Ibid.*, p. 145.

donde los gobernantes se someterían a las mismas obligaciones, las mismas prohibiciones y las mismas autorizaciones que los ciudadanos de a pie, donde los privilegios y la discriminación se reducirían al mínimo. Pero no existe una definición objetiva, eternamente válida, de lo que llamamos «discriminación», tal como no la hay de la coerción ni, por consiguiente, de la libertad.

El pensamiento de Hayek me parece perfectamente claro en el nivel en el que se sitúa de ordinario, es decir, como doctrina de aquello que la sociedad moderna debería ser. Pero los fundamentos filosóficos que el autor ha buscado dar a este ideal social me parecen frágiles. Él ha intentado definir la libertad por la ausencia de coerción, y la coerción como una situación objetivamente reconocible. Pero ha infravalorado el hecho de que todas las empresas colectivas hacen de ciertos individuos los instrumentos de sus líderes, sin que los soldados o los trabajadores se consideren por ello «oprimidos». El autor postula una diferencia radical entre la obediencia a las personas y la sumisión a las reglas, e ignora o descuida el hecho de que las reglas generales también pueden ser opresivas, y de que, en última instancia, lo que determina la medida efectiva de la libertad en una sociedad dada es la relación entre el contenido de las prohibiciones y las obligaciones, por un lado, y la expectativas legítimas de los individuos, por otro. Ahora debemos abordar si, y en qué medida, la crítica de los fundamentos filosóficos tiene consecuencias en lo concerniente a la doctrina económico-social misma.

II

El objetivo de una sociedad libre debe consistir en limitar tanto como sea posible el gobierno de los hombres por los hombres, y en aumentar el gobierno de los hombres por las leyes. Este es, sin duda, el imperativo primordial del liberalismo tal como lo concibe F. A. Hayek. Sucede que yo comparto este ideal, de modo que las reservas que formularé no se originarán en una jerarquía de valores diferente, sino en la consideración de algunos hechos.

No existe ni ha existido nunca *una* «colectividad humana»; existen *las* «colectividades humanas». Cada una de ellas mantiene relaciones alternativamente amistosas u hostiles, pacíficas o belicosas, con algunas otras. La gestión de las relaciones exteriores les corresponde, y no puede dejar de corresponderles, a uno o unos pocos hombres. Y la designación de este o estos hombres se produce de forma diferente según los siglos y los regímenes. Pero la dirección de la política exterior sigue siendo obra de los hombres y no de las leyes. Locke, en el *Segundo tratado*, distingue explícitamente dos aspectos o dos modalidades del poder ejecutivo: este se encarga, por un lado, de asegurar la ejecución de las leyes y, por otro, de los tratados, de la paz y la guerra. Hayek, como la mayoría de los liberales, no se ocupa de la política exterior. Se limita a indicar de pasada que, provisionalmente, el Estado mundial le parece peligroso para la libertad individual y que, en esas condiciones, es preferible adaptarse a la pluralidad de Estados y a las posibles guerras.[19]

Pero el poder federativo, por emplear la expresión de Locke, perpetúa el gobierno de los hombres por los hombres, y no por las leyes. En materia de tratados, de paz y de guerra, escribe Locke, apenas hay leyes o reglas. Los Estados, en sus relaciones mutuas, están sujetos a las obligaciones del derecho natural, pero como no hay tribunales ni policía en ese ámbito, no les queda otro recurso que tomarse la justicia por su propia mano. Los hombres, no las leyes, deciden lo que requiere esta «justicia». Y me temo que, según las definiciones de

19. *Ibid.*, p 263: «Deseo añadir aquí mi opinión de que, mientras la protección de la libertad individual no esté mucho más firmemente asegurada que hoy, la creación de un Estado mundial probablemente supondría, para el futuro de la civilización, un peligro mayor incluso la guerra».

Hayek, cualquier acción diplomática, al menos cualquier acción que conduzca a la guerra, debe ser considerada como «coerción» de los gobernantes sobre los gobernados; la colectividad entera sería el instrumento de los proyectos concebidos únicamente por los gobernantes. Pero ¿es así si el pueblo concuerda plenamente con las decisiones tomadas por sus líderes? En el marco del pensamiento de Hayek, esta objeción no tendría cabida, ya que la coerción se define por la ausencia de elección personal, por la manipulación de datos o por la amenaza en caso de desobediencia. Todas estas características están presentes cada vez que la acción diplomática obliga a los ciudadanos a honrar los compromisos asumidos por quienes los gobiernan.

Pero si la paz y la guerra son el resultado de la acción de los hombres en el poder, ¿cómo podemos decir que el gobierno de las leyes no deja lugar a la dominación de los hombres por los hombres? Al mismo tiempo, entendemos, sin siquiera abandonar el sistema intelectual de Hayek, por qué no podemos quedarnos con la definición de libertad únicamente como ausencia de coerción, ausencia garantizada a su vez por la generalidad de las leyes. Dado que no hay colectividad sin política exterior, sin poder federativo, y dado que este siempre es ejercido por personas, los ciudadanos no pueden dejar de obedecer mandatos específicos, y sienten el deseo legítimo de saber a qué individuos y en qué condiciones obedecerán.

Además, reaparecen aquí inevitablemente dos de los significados del concepto de libertad —dos significados que Hayek indica y que no rechaza, pero que subordina a la noción fundamental de *no coerción*—. Si no faltan hombres que, en caso de tener que elegir entre la libertad individual y la libertad de su nación, no dudan en sacrificar la primera a la segunda, sería un error por nuestra parte ignorar los motivos inteligibles, si no racionales, de esta preferencia. Mientras haya guerras, pertenecer a una unidad política equivaldrá a discriminar entre amigos y enemigos. Si tengo que pagar la libertad de la que disfruto en tiempos de paz con la obligación de luchar contra mis hermanos de raza, lengua o nacionalidad en caso de guerra, puedo, con total lucidez, resignarme a la pérdida de mi libertad pacífica para encontrarme entre los hermanos que conforman mi bando el día en que cada uno de ellos se enfrente a la muerte.

No pretendo sugerir que este sea el origen de la pasión nacional manifestada por todos los pueblos durante el último siglo, ni de la relativa indiferencia hacia la libertad individual, una indiferencia de la que dan testimonio tantos millones de hombres. Es lícito sostener que el nacionalismo sigue siendo la mayoría de las veces una forma apenas civilizada de la conciencia tribal, mientras que, por el contrario, la preocupación por la libertad individual marcaría una etapa posterior de la conciencia política. Estas observaciones no buscan esbozar una interpretación sociológica de los dos tipos de libertad (libertad individual y libertad nacional). Simplemente pretenden formular la siguiente proposición: en cuestiones de paz y de guerra los hombres siempre son gobernados por otros hombres, de modo que es normal y razonable que los gobernados no tengan la sensación de ser libres si no pertenecen a la unidad política de su elección, de su raza o de su lengua —incluso si, en tiempos de paz, las leyes les dejan una esfera de decisión personal.

El mismo argumento es válido para la libertad definida como la participación en los procedimientos mediante los cuales se elige a los gobernantes. Si estos, a través del poder federativo, tienen derecho a decidir sobre nuestra vida y nuestra muerte, ¿acaso no es comprensible que consideremos esencial participar, aunque sea indirectamente, en su designación? Ya se trate de leyes o de mandamientos específicos, la sensación de obedecer a uno mismo depende de la relación existente entre el ciudadano y el legislador, entre el jefe y el soldado. Hayek podría rechazar este argumento si hubiera descubierto una definición objetiva de la coerción, una definición que no tuviera en cuenta lo que sucede en la conciencia de los individuos puestos en relación. Pero dado que el propio Hayek introduce la noción de amenaza —la coerción se confunde con la amenaza de castigo—, lo cierto es que el estado de conciencia de quien manda y de quien obedece forma parte de la noción misma de libertad (negación de la coerción).

La amenaza es necesaria cuando el ciudadano no obedece espontáneamente, no reconoce la legitimidad del poder ni la racionalidad de la orden recibida. El individuo tendrá la sensación de estar oprimido, y lo estará efectivamente (sometido a constantes amenazas) en la medida en que considere que el Estado, el régimen o los gobernantes no son legítimos.

Hayek se ha propuesto fundamentar filosóficamente una teoría de la libertad que justifique la reducción al mínimo de la intervención estatal en la esfera privada, y la ampliación tanto como sea posible de esta esfera. Con esta meta, el autor ha buscado una definición objetiva de la coerción (la cual consistiría en que alguien se convierta en instrumento de otro), y ha afirmado que existe una oposición radical entre una ley general (comparable a una ley de la naturaleza) y un mandamiento específico. Pero no se atiene a esta definición estrictamente objetiva, ya que menciona la amenaza. Y desde el momento en que deben tenerse en cuenta los estados de conciencia, la libertad ya no depende tan solo de la no interferencia de otros hombres en la esfera privada de cada cual. Además, si la ley, por muy general que sea, expresa no obstante los deseos de ciertos hombres, si los gobernantes, responsables del poder federativo, imponen a los ciudadanos las consecuencias de sus decisiones, entonces el gobierno de la ley no deja de ser un ideal en algunos aspectos: no puede realizarse plenamente. Dado que todo poder conlleva una parte de gobierno sobre los hombres, la libertad no puede definirse adecuadamente por la sola referencia al gobierno de la ley: la forma en que son elegidos los titulares del poder, y en que este poder se ejerce, es percibida, en nuestro tiempo, como una parte integral de la libertad. Con razón o sin ella, los hombres se juzgan libres o no libres según la nacionalidad de quienes redactan las leyes, y no solo según el papel respectivo de las leyes y de los mandamientos específicos en la gestión de la sociedad.

Quizá la razón última de lo que considero la insuficiencia de la filosofía desarrollada por Hayek para fundamentar su liberalismo se deba a su negativa a tomar en consideración el problema de la libertad interior. El autor, que en tantos puntos se opone a las tendencias positivistas, que critica a Kelsen por conceder dignidad de ley a cualquier sistema de normas estatales, se ha dejado impresionar por una escuela filosófica actual hasta el punto de creer que las llamadas controversias metafísicas sobre el libre albedrío carecen de sentido.[20] No entremos aquí en esta controversia metafísica y limitémonos a señalar que Hayek vincula justamente la libertad con la responsabilidad. Solo puede aspirar a la libertad aquel a quien se le puede considerar responsable de sus actos y, por lo tanto, capaz de actuar racionalmente:

> La asignación de responsabilidad presupone, por lo tanto, la capacidad de acción racional de los hombres, y busca hacerlos actuar más racionalmente de lo que lo harían de otro modo. Presupone en ellos una cierta capacidad mínima de aprender y prever, de guiarse por el conocimiento de las consecuencias de sus actos.[21]

20. Me parece aventurado afirmar que, durante tantos siglos, las mentes más brillantes han discutido apasionadamente cuestiones irrelevantes e incluso carentes de sentido. Por lo tanto, considero erróneo lo siguiente:

«Se diría que afirmar que la voluntad es libre tiene tan poco sentido como negarlo, y que toda la cuestión es un falso problema, una disputa sobre palabras en la que los contendientes no han aclarado lo que implicaría una respuesta afirmativa o negativa.»

La controversia sobre el carácter significativo o no significativo del debate tradicional sobre el libre albedrío ha reemplazado a este último debate. No veo esto como un progreso.

21. *Ibid.*, p. 76.

Considero menos fácil de lo que Hayek parece creerlo el determinar qué seres humanos cumplen, de hecho, tales requisitos. ¿A qué edad dejan los niños de ser «irresponsables»? ¿A partir de qué nivel de educación una población que vive bajo un régimen tribal puede aspirar a que no se la trate como irresponsable? En otros términos, dentro de una sociedad, la distinción entre personas «responsables» e «irresponsables» no es evidente. Asimismo, ¿una sociedad llamada civilizada está legitimada para no reconocer los derechos de la libertad a los miembros de una sociedad llamada arcaica? La teoría de Hayek supone, como hipótesis, que los hombres han recibido la educación que los hará dignos de la libertad. Pero la política concreta, en cada época, incluye un componente de educación: ¿llamaremos coerción a dicha educación? ¿En qué momento la educación necesaria para la racionalidad se convierte en una forma de negar a los hombres el derecho a sus propios errores? En las colectividades, como en las tribus o los pueblos, los hombres no han dejado de imponer los unos a los otros sistemas de valores o ideas, ya sea mediante la fuerza, la amenaza o el prestigio. Hayek escribe con razón que «una sociedad libre solo funcionará con éxito si los individuos se guían en cierta medida por valores comunes».[22] Él ve ahí la explicación

22. *Ibid.*, p. 80.

del hecho de que los filósofos hayan definido a veces la libertad como «acción conforme a las leyes morales». A mi juicio, el autor se equivoca al explicar así la equivalencia, establecida por muchos filósofos, entre moralidad (o racionalidad o universalidad) y libertad. Basta con oponer pasión y reflexión, o animalidad y conciencia, para que la libertad (interior) aparezca como el término del esfuerzo mediante el cual el animal humano alcanza la humanidad.

Definir la libertad por la moralidad de la conducta no está exento de peligros: en nombre de las exigencias de la educación, cualquiera que pretenda estar investido de una misión tratará de coaccionar a quienes piensan de manera diferente a él. Pero también existe un peligro del otro lado. Ninguna colectividad ha podido acceder a la existencia y a la conciencia, es decir, al respeto de los valores comunes, sin una educación que a menudo ha consistido en disciplinar, en poner en fila. El ideal de una sociedad en la que cada uno elige a sus dioses o sus valores difícilmente puede difundirse hasta que los individuos hayan sido educados para la vida colectiva. La filosofía de Hayek, por definición, asume como dados los resultados que los filósofos del pasado consideraban como los principales objetos de la acción política. Para dejar a cada cual una esfera privada de decisión y de elección, todavía es necesario que todos o la mayoría quieran vivir juntos y reconozcan un mismo sistema de ideas como verdadero, una misma fórmula de legitimidad como válida. Antes de que la sociedad pueda ser libre, es necesario que sea sociedad.

* * *

La distinción entre libertad y coerción, que sirve de base a esta filosofía de Hayek, tiene su origen en una reflexión sobre la conducta económica. El sujeto económico, librado a sí mismo, utiliza libremente, es decir, eligiendo sus objetivos y sus medios, los recursos de los que dispone. En cambio, cuando los individuos son sometidos a un plan, corren el riesgo de ser reducidos a engranajes de un mecanismo, a instrumentos de los «planificadores». Partiendo de un análisis análogo, Jacques Rueff distingue entre dos modos de acción del Estado.[23] La coerción, según él, consiste siempre en modificar la deseabilidad o indeseabilidad de un acto mediante la modificación de sus consecuencias:

> La intervención de una autoridad coercitiva, al modificar, mediante la deseabilidad o la indeseabilidad adi-

23. J. Rueff, *L'Ordre social* (2 vols.), Librairie du Recueil Sirey, París, 1945.

cionales, las consecuencias efectivas de los actos susceptibles de ser realizados, lleva a la persona coaccionada a desear libremente los actos que la autoridad coercitiva elige para ella.[24]

Por lo tanto, escribe Rueff, «el hombre gobernado está siempre en manos de su propio consejo, sigue siendo un hombre libre». Y dice Hayek: «Aunque el coaccionado todavía elige, las alternativas las determina el coaccionador, de manera que aquel elija lo que este quiere».[25]

La coerción, es decir, la modificación de las preferencias individuales mediante sanciones (castigos y recompensas) constituye un elemento inevitable del gobierno en las sociedades civilizadas, pero esta coerción, en lo que atañe a los derechos que poseen los individuos propietarios, puede ejercerse de dos modos:

> En el primer caso, el gobierno no interfiere de ninguna manera en las posesiones que no les son arrebatadas a los titulares de derechos. El campo de soberanía de los titulares se reduce por el contenido de los derechos transferidos al gobierno, pero tal campo de soberanía, tal como queda después de la recaudación del

24. *Ibid.*, vol. II, p. 568.
25. F. A. Hayek, *The Constitution of Liberty, op. cit.*, p. 134.

impuesto, sigue sujeto a la voluntad exclusiva del propietario. Por lo tanto, este sigue siendo totalmente libre dentro del dominio propio. Y es por esta razón que el correspondiente sistema de gobierno se describe como liberal. El segundo método no modifica la delimitación de los campos de soberanía individuales, pero impone al titular de derechos de propiedad el desear, para ciertos de sus derechos, el contenido y el uso necesarios para el cumplimiento de la misión gubernamental.[26]

Así procede el gobierno que prohíbe al propietario de un campo sembrar aquello de lo existe excedente de cosecha.

Tanto Hayek como Rueff imaginan que los individuos actúan tal como los concibe la ciencia económica. Cada cual elige y, en cualquier circunstancia, queda en manos de su propio consejo. Pero, en el terreno de la teoría sociológica, Rueff distingue primero dos métodos de gobierno, liberal y autoritario, y luego dos tipos ideales de sociedad, individualista y comunista, dependiendo de si el poder gubernamental respeta plenamente los derechos de los propietarios o, por el contrario, les niega todo derecho de apropiación. Prefiriendo el método liberal y la sociedad individualista, Rueff admite la nece-

26. J. Rueff, *L'Ordre social,* op. cit., p. 607.

sidad de recurrir en cierta medida al método autoritario, y se resigna a la ampliación de las funciones del Estado, siempre que esta inflación no multiplique los falsos derechos ni siembre el desorden. En otros términos, su análisis le lleva a condenar dicha inflación más que el método autoritario.

Hayek ha querido pasar de la coerción —modificación de la deseabilidad de los actos mediante sanciones— a una filosofía de la libertad por intermediación de la generalidad de las leyes. Estas prohíben, bajo pena de castigo, tal o cual conducta, pero dejan un margen de elección. Constituyen el equivalente de las leyes naturales a las que los hombres deben adaptarse, pero no invaden la esfera de la toma de decisiones individuales. A tal argumentación pueden planteársele dos objeciones: en primer lugar, no existe una delimitación universalmente válida de la esfera privada; Hayek reconoce justamente, en contra de John Stuart Mill, que no hay acto individual que no sea susceptible de afectar a los demás; en segundo lugar, los individuos pueden sentirse oprimidos y estarlo en efecto, según la definición de Hayek, por las leyes generales.

En el plano de una teoría de la buena sociedad, el autor no se equivoca al insistir en dos ideas que, tanto a mis ojos como a los suyos, son fundamentales: la libertad es *negativa,* es la no coerción, la preservación de una esfera privada; y cuanto más se expresan las órdenes del poder en reglas despersonalizadas, más posibilidades hay de preservar la libertad. Pero estas dos ideas no son suficientes para constituir una filosofía de la libertad; no lo son siquiera, en nuestro tiempo, para precisar los criterios de una sociedad libre.

Hayek, en el punto de partida, insiste en la necesidad de una discriminación rigurosa entre la libertad (no coerción) y otros conceptos como autogobierno, democracia, poder y estatus. Intentemos, en efecto, no confundir las nociones: la participación en el proceso político, o autogobierno, aunque a menudo se considera un elemento de la libertad, debe diferenciarse de ella. En cuanto a la democracia, ya la definamos a la manera de Hayek, como el gobierno de la mayoría, o bien como la organización de una competición pacífica por el ejercicio del poder, promueve quizá la libertad (es, *en general,* favorable a ella), pero tampoco debe confundirse con dicha libertad. En cuanto al poder, es evidente que un trabajador no cualificado, que no tiene nada más que vender que su fuerza de trabajo, carece de tal poder, es decir, no puede satisfacer sus deseos; pero no es un instrumento de otros: un vagabundo puede disfrutar de la libertad. Por último, en lo que atañe al estatus, si los miembros de una minoría exigen igualdad frente a una mayoría que los trata como inferiores —igualdad individual en el marco de la comunidad existente, como reivindican los negros de los Estados Unidos, o igualdad colectiva mediante la constitución de una comunidad independiente —, esta reivindicación, sin lugar a dudas legítima, no es equivalente a la reivindicación de libertad.[27]

Pero, llegados al final de esta delimitación del concepto, no debería sorprendernos que tal tipo de libertad haya sido poco frecuente a lo largo de la historia, ni que, incluso hoy, la mayoría de los hombres no subordinen a ella todas sus aspiraciones ni la consideren el criterio único o supremo del orden social.

El sentimiento de libertad no será proporcional a la libertad efectiva, medida según la definición adoptada. Los proletarios observados por Marx, fuera cual fuese la legislación, no podían experimentar ningún sentimiento de libertad, porque estaban privados del mínimo de poder sin el cual el derecho a elegir fines y medios se vuelve puramente ilusorio. Asimismo, para la gran mayoría de los musulmanes argelinos, la libertad que les garantizaba la ley francesa pesaba menos que la humillación causada por la discriminación. En cada época, en cada sociedad, el *sentimiento de libertad* depende prin-

27. Cabe referirse aquí al ensayo de Sir Isaiah Berlin *Two Concepts of Liberty, op. cit.*

cipalmente de *una* circunstancia. Puede incluso depender de la eliminación de cierta forma de opresión percibida como intolerable. La reivindicación de una esfera privada puede constituir el contenido esencial de la reivindicación de libertad, pero es un caso raro en la historia: los hombres se han levantado ante la violencia ejercida contra sus creencias o su moral por los vencedores, ante la violencia ejercida contra su fe por los inquisidores, ante la violencia ejercida contra su dignidad por amos que los trataban como esclavos o infrahumanos, ante la miseria a la que los sometían otros hombres o la fortuna.

Incluso hoy, si bien es legítimo considerar como uno de los objetivos quizá primordiales del orden social el respeto y la ampliación de esta esfera de decisión privada, lo cierto es que resulta inaceptable emplear ese único criterio para juzgar todas las sociedades actuales. Tal vez sea un error emplear la misma palabra en referencia a liberarse de la policía y a liberarse del hambre. Pero no es un error sostener que, tanto en la teoría como en la práctica, no conviene remitirlo todo a un objetivo único. Los hombres sacrifican parte de su esfera privada para ser gobernados por hermanos de raza, lengua o religión, para ser tratados como iguales, para darse una patria, incluso por la esperanza de escapar de la pobreza.

En este punto, Hayek objetaría que él no ha justificado la libertad en sí, como valor último, sino que, por el contrario, la ha justificado pragmáticamente, por sus frutos. La primacía de la libertad tal como la conciben los liberales, primacía que no aceptamos sin reservas en el plano filosófico, ¿debería ser aceptada en el plano económico-social? ¿La sociedad conforme al ideal de los liberales sería no solo la mejor en términos morales sino también la más eficiente?

Siempre me ha resultado difícil creer que la moral y la utilidad, por medio de una armonía preestablecida, coinciden plenamente. Desconfío tanto de las astucias de la razón como del virtuosismo de los economistas. No negaré mi admiración por la demostración de Hayek, pero me reservaré mi fe. A veces, los liberales, como los marxistas, tienden a creer que el orden del mundo podría reconciliar nuestras aspiraciones con la realidad. Tal confianza no carece de grandeza. «Permítaseme que la admire pero no la emule».[28]

28. P. Corneille, *Horacio,* Acto II, escena tercera. *(N. del T.)*

ÍNDICE ONOMÁSTICO

ESTA PRIMERA EDICIÓN
DE «LA DEFINICIÓN LIBERAL
DE LA LIBERTAD», DE RAYMOND ARON,
SE TERMINÓ DE IMPRIMIR
EN BARCELONA
EN EL MES DE OCTUBRE
DE 2024

TÍTULOS PUBLICADOS